一混三千年

刘黎平　著

朗声图书
中山大学出版社
SUN YAT-SEN UNIVERSITY PRESS

图书在版编目（CIP）数据

一混三千年/刘黎平著．—广州：中山大学出版社，2013.4

ISBN 978-7-306-04499-0

Ⅰ．①一… Ⅱ．①刘… Ⅲ．①职业选择—通俗读物 Ⅳ．①C913.2-49

中国版本图书馆CIP数据核字（2013）第047094号

朗声图书

一混三千年

出版人 徐 劲
策 划 欧阳群
责任编辑 何 娴 熊锡源
封面设计 林卓萍
文字编辑 曾紫凤
出版社 中山大学出版社
（广州市新港西路135号 邮政编码：510275）
电 话 编辑部020-84111996 传真020-84036565
网 址 http://www.zsup.com.cn
E-mail:zdcbs@mail.sysu.edu.cn
代理发行 广州市朗声图书有限公司（电话：020-34297719）
印 刷 湛江南华印务有限公司
（地址：广东省湛江市霞山区绿塘路61号 邮编：524002）
规 格 720mm×1020mm 1/16 14.25印张 170千字
版次印次 2013年7月第1版 2013年7月第1次印刷
定 价 36.00元

序

成败，与其说是总结出来的，还不如说是体验出来的。当然，我们不可能穿越到古代去亲身体验那些成败，而黎平兄的这本书就是时光隧道，可以带我们去体验。黎平兄以现代人的目光，尝试去修复历史的现场，尤其着力于再现当时的心理场景，将过去式转换成现在进行式，进行引人入胜的讲述。

记者说史，自有特点，总是充满着让人置身其中的现场感。难能可贵的是，黎平兄还努力修复一些真实的细节，而正是这些细节，彰显出圣贤和英雄的平凡、琐碎，乃至些许猥琐。这是刻意不剪切、不编辑的现场，让历史本身就具有的戏剧性，重新上演。

《一混三千年》，让我们更深刻地体验成败。这种体验扎实、真切，因此也就更加管用。说到底，三千年太长，难免要混；却终究不是混过来的。

钱文忠

自序

混得成功未必完全靠励志，有时候会有些猫腻，或者适当闹一闹，要要泼；混得失败未必是自己没做好，可能因为你的环境太坑爹。饱读圣贤书，可能还不如管用的老爸老妈和老婆；生来很优秀，做事也谨慎，却被自己的爹给“坑爹”了。

在本书里，尽量还原当时成败的原生态和原生心态。我们把古人的成败去殿堂化，实现平民化：天神般的薛仁贵原来也得在老板面前混个脸熟，开几百年风气的韩愈原来也要闹着升官……

《广州日报》是一份市民的报纸，老刘是一个很平民的市民，因此，我们要把圣贤豪杰的成败市民化、平民化，这样的历史经验也才好消化。

谨以此书表达我对《广州日报》的感恩，对父母妻儿的感恩，对暨南大学导师程国赋教授等人的感恩，对广大读者的感恩，并以此书献给已在天堂的父亲。

2013/4/24于广州天河北

目 录

刘备大叔为何悖离封建人伦娶了同宗的师奶，还向前妻的娘家开战？诸葛大家族的延续居然要靠一位柔弱的女性？……

第二章　有时候 爹也很“坑爹” / 45

李治这孩子难道真的天生怕老婆？隋太子杨勇之所以被他爹隋文帝“坑爹”，是因为争养儿子；秦二世的灭亡，其实是因为他爹秦始皇……

第三章　励志之外 要会哭会闹会炒作 / 81

韩愈一代文豪，也得为升职策划一场闹剧。晋国树立霸主地位，就得往对手秦国身上泼污水。没有人能正儿八经成功……

第四章　几千年未道破的成败经验 / 115

秦桧因为缺钱把岳飞干掉？一代虎将马超是吓死的？别以为韩信是功高震主才被干掉的……

第五章　混得成功 未必混得漂亮 / 149

民族英雄左宗棠是办公室最不受欢迎的大话王？汉朝的副丞相养不起车？韩愈也想逃离北上广？……

中世纪世界上最繁华城市——大宋汴梁城的房价走势如何？李清照的老爸提前二十年就能准确预测。诸葛亮早就会楼盘抄底，大汉帝国早就有了全国金融工作会议……

第一章

最靠谱成功学　老妈老婆和老板娘

成败未必在圣贤的书里，有时候在你的老妈老婆絮絮叨叨的智慧里。

刘备为何坚持娶嫂子

史上的人和事，总是没有传说中的那么传奇，这包括婚姻和爱情。因此，作为一个历史爱好者，翻看历史典籍去印证一些传奇故事时，总要忍受肥皂泡被戳破的巨大心理痛苦。

今天，老刘我就要忍受着巨大的心理痛苦，为大家戳破三国一桩最传奇的婚姻：刘备和孙尚香的婚姻。刘大叔和孙小妹的婚姻并不幸福，刘大叔似乎出于吸取教训的目的，娶了刘家的嫂子，希望各位三国迷要有强大的心灵，坚持着听我讲完。

刘皇叔与孙权妹妹的婚姻，是靠谱的，权威史书《三国志》里的《先主传》和《庞统法正传》里都有白纸黑字的记录，跑不掉的；然而，爱情呢？对不起，史书不专门记录爱情。因此，刘大叔和孙小妹之间的爱情，就和刘大叔那顶“皇叔”的帽子一样，若有若无，在靠谱与不靠谱之间。

关于刘皇叔与孙小妹之间的爱情，见诸记录的都是民间传说和演义。

例如，孙小妹名为尚香；例如，孙尚香挫败了娘家要扣押刘备夺回荆州的阴谋，陪着夫婿冲破重重阻拦，回到荆州。刘备病亡后，孙小妹跳江殉情。

这些版本很感人，我却要告诉大家，这些都是来自民间传说和《三国演义》，而要了解三国真相，民间传说和《三国演义》是不靠谱的，《三国演义》是部文学名著，不是史学著作，别看此书那么权威，要是搁现在写出来，早被史学家骂死了，因为它也戏说得厉害。

总之，关于孙夫人深明大义、力护夫君的故事，在正史里是没有记载的，甚至连名字都没记载，尚香只是一个传说。

关于两口子婚姻生活不协调的记录，不用放大镜显微镜，在史书上能找出两处很明显的记录。

《三国志》里的《庞统法正传》收录了诸葛亮的一封信，解释我们的刘大叔为什么一到四川就那么开心，理由是：想当年咱们刘皇叔在湖北公安的时候，出趟远门怕曹操，在周边走走又怕大舅子孙权，回到家又怕老婆，真是前怕狼后怕虎，进退狼狈，郁闷着呢；如今得了四川，老婆也回娘家了，就好像那离开笼子的鸟儿，在广阔的天空里可以任意翱翔，怎么就不许他高兴啦？

这分明就是说孙小妹的离开，是一件让刘备很开心的事，你说这桩婚姻幸福不幸福呢？如果大家不相信，我可以翻出部分原文来："北畏曹公之强，东惮孙权之逼，近则惧孙夫人生变于肘腋之下……令翻然翱翔，不可复制。"（《三国志·蜀书·庞统法正传第七》）如今展开翅膀自由飞翔，不再有人可以压制他，你看看我们的刘大叔，孙小妹离开了他，他是多么的幸福啊。

接下来，史书记录了刘大叔与孙小妹苦逼的婚姻生活：工作了一天，刘大叔拖着疲惫的身躯回到家里，本来应该是老婆温存地迎接上来，可现实是，房内房外都站满了女保镖，人数达百余，相当于一个警备连，而且个个荷枪实弹，"侍婢百余人，皆亲执刀侍立"。有版本说孙小妹怕吓着刘郎，将兵器全部撤走，哎，这是《三国演义》说的，代表了我们广大读者的善良愿望，不是史实。刘大叔此刻的感受，史书上写着："衷心常凛凛"，不是威风凛凛，而是心中发凉的那种凛凛。

刘大叔的气场压不住孙小妹，只好动用宝贵的创业资源：沙场虎将。这员虎将是赵云，子龙将军是位全能员工，对外可以震慑竞争对手，对内可以震慑老板太太，这样的全能员工不多，于是，刘皇叔特意委任赵云为“掌内事”，对孙小妹形成一种约束。这是《三国志》引用的《赵云别传》所记载的。

家庭婚姻生活如何，配偶双方的年龄是一个重要的考量因素。刘大叔是60后，具体是161年出生的；孙小妹出生年月不详，但可以推测，孙小妹有五个同父同母的哥哥，三哥孙翊生于公元184年，四哥五哥出生年份又不详，但如果按照一年生一个的逻辑推算的话，孙小妹最早是公元187年出生的，而她的父亲孙坚死于公元191年，孙小妹最迟或是191年出生的。以此推算，公元209年，孙小妹嫁给48岁的刘大叔时，年龄应该在18岁至22岁之间，有代沟啊。

然而，如果只是因为代沟而分手的话，那今天的文章就没什么意义了，而且，那封建男权社会，老夫少妻也不算非主流，我个人觉得她与刘备的最终分手，与她身上的“男性特质”有关。

“男性特质”不是老刘发明的新名词，而是心理学家荣格的专利。就是说女人的内心深处潜藏着爷们的气概，积极的表现为勇敢、果断、无畏、阳刚，消极的表现为决绝、破坏、粗鲁、毁灭。

我们的孙小妹，如果从气质而言，完全可以称为孙爷。每次见老公，都要来个阅兵式；在老公的势力范围内，“骄豪”，“纵横不法”。史书对她的性格总结是：“才捷刚猛”，身手敏捷，性格刚强，勇猛，还以为说的是张飞呢。

孙小妹的“男性特质”如果用在积极方面，当然可以帮助老公开创事业，例如默多克老师的那位排球女将夫人，关键时候一巴掌能拍得敌人满地找牙，然而，孙小妹的“男性特质”对于刘大叔而言，更多的是体现在消极方面。

例如，当年刘备离开荆州，西去四川，就在这当口，孙小妹娘家来人，要接走孙小妹。在《三国演义》里，有一个温情的解释：孙家编造一个谎言，说孙家老太太病重，想见女儿，很有孝心的孙小妹不辞而别，还抱走了阿斗。各位朋友，千万不要被《三国演义》这部大忽悠给骗了，历史的真相是：孙小妹不想待下去了，决绝地走了。

这表现了孙小妹“男性特质”的消极方面：决绝，破坏。她可能出于一种白富美嫁给穷大叔的心理，因为孙家是江东大族，而刘大叔是卖草席出身的，因此一直没有做在刘家长久待下去的打算，她对于爱不一定执着，但对于不爱，一定很执着。

“男性特质”的消极作用之一就是：不相信期望。也就是说，孙小妹对刘大叔没什么期望，不是对他的事业不抱期望，而是对爱上他不抱期望。

孙小妹明知道此去不会再回，却要抱走老公唯一的骨肉，不应

该是出于亲情，而是出于想对这个男人来一个沉重的打击。可能刘备对孙小妹不够好，一个只顾自己跑路，把两老婆扔在敌人手里的男人，对老婆估计好不到哪里去。

孙小妹或许出于一种破坏式的企图，要抱走阿斗。例如一些极端的母亲，出于对老公的失望和怨恨，毒杀亲儿女，这就是女人心中消极的“男性特质”在起作用。

孙小妹“男性特质”的形成，起主要作用的还是她父亲和兄长。孙家个个不是省油的灯，老爸孙坚是英雄，老哥孙策孙权是好汉，有这些爷们熏陶着，孙小妹能不是孙爷吗？所以，《三国志》评价孙小妹“有诸兄风”，为人做事有兄长的风格。

在孙小妹离开刘备之后，刘大叔是一种什么样的心理？我们从史书记载的蛛丝马迹中去寻找刘备的心理吧。首先，孙小妹能顺利走人，不是因为刘备不在场，而是刘备有意放人。

《三国志》里的《蜀书·二主后妃传》和《赵云传》都有记载，孙小妹带着阿斗乘舟东去，惊动了荆州水军两位舰队司令：张飞和赵云，他们截江救出阿斗，但放走了孙小妹。而当时指示放人的是诸葛亮。诸葛亮能对老大的家事做出这样的决定，肯定要有老大的授意。刘大叔对这位爷们式的妻子，已经厌倦和失望，如果她能主动走，当然求之不得，哪怕贴船票也行。否则，凭张飞和赵云俩哥们，要拦截孙夫人，还是不成问题的。女人的“男性特质”会激怒配偶，60后的大叔放走80后的美眉，就是因为被她的“男性特质”激怒了。

刘与孙的婚姻不太协调，尤其是结局让人不快，这种不快似乎影响到了刘备后来的婚姻，甚至影响到刘备的事业。刘备入川后，又娶了一位妻子：吴氏。吴氏的前夫刘瑁是汉室宗亲，当时刘瑁已死。刘备是皇叔，娶汉室宗亲的老婆，等于娶嫂嫂，只要是同宗同姓人的配偶，不宜婚娶，这不是老刘的观点，是赵云的观点，所以当时的大臣极力反对。但刘备还是坚持娶了吴氏，并册立为后。据说当时刘备还蛮不好意思的，觉得有乱伦的嫌疑，这个时候法正挺身而出，为老大的行为找理论依据，他引用了《左传》里的例子，晋文公娶了自己亲侄媳妇，这口味比娶嫂子还重。在官场，能为领导的行为找到理论依据，功莫大焉，法正能受刘皇叔重用，成为几乎与诸葛亮并列的重臣，恐怕与这个有关。

刘备此举是不是一种不幸婚姻的惯性行为呢？或许，他在前一桩婚姻吃尽了苦头，觉得娶一个青春少女实在不靠谱，不如娶一个失去依靠，又久阅世事的师奶才靠谱呢？

我们再说远一点，公元221年，刘备举兵东进，讨伐东吴，为啥呢？说得出来的理由就是替兄弟关羽报仇，夺回荆州，说不出来的理由呢？恐怕是心怀对孙小妹的怨恨，对孙小妹娘家的怨恨，要孙家为这段不幸的婚姻买单。设想一下，如果当年孙小妹和刘大叔还有那么一点点的恩爱，刘备还会念那么点夫妻之情，那么，东吴也有可能开展夫人外交攻势，极有可能避免这场历史悲剧，真可谓："江流石不转，遗恨失吞吴。"可见，无论是平民还是英雄，婚姻对他的职场都是有影响的。

结语：浪花淘尽英雄，也淘尽爱情，刘备的心理不得而知，但前一桩感情史对后面的感情和婚姻是有影响的，不管是消极影响还是积极影响。

薛仁贵和武则天在那个山洪之夜

1358年前的一个盛夏之夜，一场发生在陕西关中周边山区的暴雨决定了一代帝王的命运。那天晚上，那座山上，正住着一个孕妇，她叫武媚娘。她必然成为中国史上第一位女皇帝，然而，历史的偶然有时也能战胜必然，尤其是天气上的偶然性，如果山洪偶然把她冲走了，那么，历史的牌局又会面临一场怎样的逆转呢？

在那个风雨之夜，自然界的意外将导致的个人命运和历史变局时，谁来给她的辉煌职场一个预警？

薛仁贵需要一次机会

公元654年的盛夏，农历闰五月初三的晚上，帝都长安郊区麟游县西天台山的九成宫里（那时候已经更名为万年宫），驻扎着一个规模达数千人的避暑团体。团体的老大是一对夫妇：李治武媚娘夫妇。负责避暑集团安全的军官当中，有一个叫薛仁贵的哥们。

我们先谈谈李治夫妇，这一年，唐高宗李治27岁，他的女人武媚娘31岁。李治在山上的经历似乎很愉快，他的心情可以用他自己当年在这里写的铭文来概括："陶莹心灵，澄清耳目。"这个时候的武媚娘应该已经身怀六甲，怀的应该是皇子李贤，因为就在这一年的十二月，武媚娘在与老公一起出差的途中生下李贤。这一年，对于正在山上避暑的武媚娘而言，是极其关键的一年，她的事业可能还处于瓶颈期。因为，当时的她还只是昭仪的身份，而她在后宫的对手——王皇后和萧淑妃，正强大地存在着，向她发起一波又一波强大的进攻。而两年前刚从感业寺脱身而出的她，在后宫的争斗中，虽然已经取得一定优势，但这种优势前面还缺一个词：绝对。

怎样打败王、萧两位劲敌，也许武媚娘正在山上盘算着。而对于她自身而言，此时此刻所需要的是，必须保证自身的绝对安全，不能出任何意外，毕竟自己的存在，就是对敌人最大的威胁。在这清凉的高山宫殿中，能有什么意外呢？

再谈谈薛仁贵。这一年的薛仁贵，41岁，他当时的军衔是右领军中郎将，正四品下，级别不算高，更麻烦的是，他还没有拿得出手的军功，《说唐》里的征战盖苏文并不符合史实，说得还早了点。虽然在此9年前，32岁的他经过一次精心策划，进入了首长唐太宗的视线，并且有幸进入唐太宗的前线总指挥所，唐太宗还亲切地说："仁贵同志，我手下的那帮能人都老啦，不能够担任远征作战任务，你就是新生代军人当中的佼佼者，大唐帝国能否开疆拓土，万国来朝，以后就看你们少壮派的啦。"然而，薛仁贵刚刚被领导重视没几年，新领导唐高宗李治上任了。

从历史记载看，唐太宗在临终前，并没有向他的下一任重点推荐薛仁贵，不是领导不够重视薛仁贵，而是薛仁贵的级别还不够。上任领导的赏识，未必能有效传达到新一任领导，新领导李治对薛仁贵的军事才能还没有感性认识。而要形成感性认识，至少需要一次单独接见。要命的就是这个单独接见，怎么才能接近领导呢？

那一个山风清凉的夜晚，薛仁贵或许在为自己的前程焦虑，他太需要领导给一个单独操作的大业务来证明自己的才能，如果能偶然碰上领导谈谈话就好了。可以说，这也是薛仁贵事业的瓶颈期。

这个偶然在哪里呢？答案：在一场没有任何预警的暴雨中。就在公元654年农历闰五月初三的那个晚上，一场暴雨来临，瞬间积累的巨大地表径流，形成一场山洪。《旧唐书》记载：“闰五月丁丑夜，大雨，水涨暴溢。”山洪冲垮了九成宫的玄武门，皇家警卫部队的战士们惊惶失措，他们忘记了自己的职责，都变成了“跑跑”，扔下领导，自己先走。山洪暴发，方显英雄本色，只有薛仁贵还惦记着领导的安危，他批评那些“跑跑”们：“怎么可以在皇上性命攸关的时刻，而只顾自己的安危呢？”薛仁贵冒着被山洪冲走的危险，凭借他敏捷的身手爬上大门上的横木，大声报警，叫醒了正在安寝的领导，让首长安全转移到了高地。就在李治夫妇刚刚转移到高地的那一刻，山洪淹没了他们的寝所，“俄而水入寝殿”。

机会是留给活人的

这场山洪对于武则天、薛仁贵的职场生涯而言，都有不同凡响的意义。对武则天而言，如果没有薛仁贵的预警，她百分之百会被山洪冲走，因为此次山洪冲走了皇家卫士和当地居民三千多人。如果这样，她的职场生涯就到此为止，从此，王皇后仍是皇后，萧淑妃仍是淑妃，武媚娘的名字将不会出现在史册上，最多也就出现在唐代历史皇家成员事故名单上。

然而，武媚娘幸存下来了，能生存就有机会，机会永远是留给活人的，就在这一年，武媚娘在内宫斗争上给了王皇后最致命的一击。然后，就在山洪事件第二年，武媚娘坐上了皇后的宝座，位置永远都是留给活人的。

逃过了偶然的山洪，武媚娘走向了必然的辉煌。

对于薛仁贵而言，因为及时预警的功劳，他终于有了被新领导人重点会见的机会，李治留下了一句感激的话：“薛大哥，幸亏你嗓门大，我们才没变成水里的鱼，忠臣呐！（赖得卿呼，方免沦溺，始知有忠臣也)。”从此，李治给了薛仁贵很珍贵的发展机会。第一次的大单业务就是三年之后，刻意提拔薛仁贵为远征军副总司令，让他跟着总司令程名振做业务，这是稳步提拔和栽培的一步；接下来，放手让薛仁贵做，从此，独立指挥作战，征服九姓突厥，三箭定天山，乃至成为东部远征军陆军总司令，带兵开进辽东国都，终于，大唐帝国军界的新星就这么成长起来了。

将薛仁贵后期职场的成长和那次山洪事件联系起来，似乎有点牵强，其实这之间是有因果关系的。在山洪事件27年后的开耀元年，李治会见已经下放基层好一阵的薛仁贵，会上的第一句话就是：“在当年的特大洪灾中，若是没有你，我早就变鱼了。”然后又重新起用薛仁贵，可见领导记得最牢的不一定是业务上的丰功伟绩，却是与他私人有关的那些事儿。虽然说薛仁贵有走红的必然因素，但也不能否定那一夜的山雨，让他与成功更近了一步。

就是公元654年农历闰五月初三那晚的暴雨，它成全了薛仁贵，而那夜的暴雨预警，保全了武则天。历史和命运，必然乎，偶然乎？

结语：偶然因素有时候会成为历史发展的决定因素，如果是喜剧的决定因素，那么我们皆大欢喜；如果是悲剧的决定因素，又该如何呢？我们应该加强预警机制，无论自然界的一夜暴雨，还是下一轮的经济危机，什么时候到来，拜托专家们发个预警，给个准信。

秦始皇的盗梦空间——母爱缺位导致暴君

秦朝很暴力，玩暴力起家，玩暴力发家，最后反过来被暴力玩死。王朝的性格多取决于统治者的性格，秦朝统治的暴力多源于秦始皇性格的暴戾，秦始皇的暴戾又源于什么呢？

去问秦始皇他妈妈——赵姬。

当然，我们也不可能把这位老太后叫起来采访了，我们只能借助盗梦空间的时段，回顾一个个关键的历史片段，以当今的人心揣测古代的人心，通过合理的想象，盗取嬴政当时的心理活动，分析其动机。

好吧，现在开始我们的盗梦行动，一个个空间地去追溯嬴政的性格成长史。

盗梦空间1：邯郸

时间：公元前228年。

画面：战火余烬尚在燃烧。

地点：邯郸某街某号，嬴政母亲赵姬曾居住的小区。

事件：过而立之年不久，长着马目、高鼻子、鸡胸（蜂准、长目、挚膺）的嬴政，来视察刚刚灭亡的赵国。战火尚未熄灭，邯郸城里可能还潜伏着刺客，残余的赵军可能还在进行巷战，嬴政为何急不可待地来视察呢？

答案：因为妈妈。

28年前，两三岁的嬴政在吕不韦的带领下，随着父亲异人，由母亲赵姬抱着，在一片战火纷飞中仓皇逃离故乡邯郸，而此时信陵君率领的多国部队正在与邯郸城外的秦军酣战，邯郸在他童年记忆里，是父母慌张的眼神，是漫天呈弧形飞过的箭雨，金戈铁马的厮杀……

从战火中离去，又在战火中来到，想故乡了？怀念童年朋友了？

非也。嬴政用特有的豺狼声音做了否定："杀，得罪我妈妈的，全杀。"

于是，一条条无辜的生命，被全副武装的秦军捆绑起来，投入巨坑，掩埋。嬴政用故乡的土，埋杀了故乡的人，也掩埋了故乡的那段往事。此时的他，冷冷地说："妈，您放心，我给您报仇啦。"可是，他一转身，肚子里却发出一个最真诚的声音："放心啦，当年我老娘那些见不得人的事，都烂到泥土里去，再没人嚼舌头丢我的脸啦。"

干完这一票，嬴政离开邯郸，取道太原回到咸阳。这时，秦皇的母亲，在得知邻居尽被坑杀的消息中，闭目长逝。她受尽儿子的白眼和鄙视，带着最亲密的人吕不韦、嫪毐都已经不在的凄惨，离开人世。

这位太后到底干了什么？到底给儿子丢了什么脸？

好，进入第二个空间。

盗梦空间2：心中彻骨的寒

时间：公元前238年4月。

地点：秦都咸阳。

天气：四月正是人间芳菲开的时候，可是这一年4月却冻死人，什么原因？因为寒，老天爷出奇的寒，嬴政的心彻底的寒！

画面：21岁的嬴政，按剑坐着，愤怒的口水翻着泡沫冒出来。殿阶下，躺着27具四肢折断的尸体。

独白：苍天啊，你为什么赐给我一个不检点的母亲？我嬴政要用多少鲜血才能洗清耻辱呢？

这是一个人生观接近崩溃的孩子，他正走向要毁灭世界的边缘。杀，杀掉母亲的情人嫪毐；杀，用袋子捆起来棒杀母亲与嫪毐生的两个孽种；杀，杀掉嫪毐的党羽，株连三族；杀，杀掉那些来劝谏的伪君子，你们用母子天伦来劝说，可正是这母子天伦让嬴政的心在滴血。至于那位不检点的母亲赵姬，已让她滚得远远的，一生都不要见到她。孩子竟以母亲为耻。

当一个孩子对母亲绝望，以母亲为耻辱的时候，也是他的性格突变，人生观急剧质变的时刻。没有母亲的孩子，性格是不健全的；憎恨母亲的孩子，性格是恐怖的，因为对母亲的失望，导致对世界的失望，他很有可能用暴力来摧残周边的世界，尤其是当他拥有强大的暴力手段时。

此时的秦，岌岌可危，因为它的对手——六国，都还存在着，远交近攻是秦奉行的政策，如果此刻就暴露过于凶残的面目，大家都防着你，远交的策略则无法施展。

茅焦来了，一个在秦国打工的齐国人，他说："我是来送死的，已经死了27个，我死了，正好凑满天上28星宿。"独特的说辞打动了嬴政进一步听下去，接着茅焦从政治角度分析他此次暴力行为的危害。嬴政动心了，奖赏了茅焦，停止了杀戮，接回了母亲。

然而，嬴政的心理障碍解除了吗？他真的如书上所说的"复为母子如初"吗？没有，嬴政只是出于政治的考量，暂时回到理智的状态，当时存在的敌国暂时捆住了他杀戮的手脚。嬴政为了政治蓝图，憋着，忍着。

到赵国灭亡，邯郸被攻陷的时候，军事上最大的对手被摧毁了，嬴政不需要再憋了，所以他刻意要来视察邯郸，让十年前不能散发的情绪，在此痛快释放出来。所以，在邯郸的屠杀，只是十年前屠杀的一次延续而已。

嬴政的心理疾病也没有起色，相反，随着军事上、政治上的志得意满，倒是变本加厉了。好，两个空间我们都打通了，进入第三个空间吧。

盗梦空间3：光秃秃的湘山

时间：公元前219年，天下统一第三个年头。

地点：青绿的湘水，青翠的湖南山脉。水边，一座古老的庙宇，名曰“湘山祠”。

事件：忽然一阵狂风，船只阻于风浪，不能进。

天下已经统一三年了，秦王嬴政的职称已经升级为始皇了，敌人都被干掉了，那些让他觉得羞辱的人，不管是敌人，还是亲人，都已经阴阳相隔，再也不会骚扰他了。

秦始皇四处巡查，到处旅游，似乎带着散心的目的。此时的嬴政，他快乐吗？他心理安宁吗？且看下面的场面。秦始皇见大风不能行船，派人问：“是哪路神灵在作怪？”秦帝国博士答曰：“或许是湘山祠里的神灵湘君吧。”嬴政问：“湘君干什么工作的？”博士答曰：“是尧帝的女儿，舜帝的妻子。”又是女人，又是女人来羞辱我嬴政！秦始皇的心理障碍又上来了，因为这么一个无意的自然现象，他居然兴师动众，动员三千囚徒，将湘山葱茏的树木尽数砍光，秀丽风光被一毁而光。

由于湖南的土壤是红色的，如今植被破坏了，无辜的湘山像是被剥光了皮，裸露着红色土壤在那里哭泣，有种血淋淋的感觉。

如果说秦始皇焚书坑儒，那是为了政治的需要，那么他砍光湘山的行为完全是无厘头的，既不能巩固统治，也不能禁锢思想，除了用头脑有毛病来解释，实在找不出更好的理由。

那个在湘水上，湘山下，指挥三千囚徒伐山的嬴政，还是未走出当年的阴影。他的一生都没有立皇后。

秦始皇在这方面，始终还是一个孩子。

盗梦空间4：故事最初之地

一

让我们来到嬴政尚未出生的时段吧。还是邯郸，歌舞升平的邯郸。一个美丽的女子，她叫赵姬，她是一个烟花女子，她是一个烟花般的女子，可能很多男子跟她有过一段情。人中豪杰吕不韦看中了她，落魄王孙异人爱上了她。

在某次酒酣耳热的宴席上，吕不韦正拥着赵姬欢醉，异人却一往情深地看着吕不韦的怀中人，然后拉着赵姬的袖子，深情地说："我爱你，跟我吧。"赵姬向吕不韦递秋波，吕不韦把她推向异人的怀抱，说："去吧，用你换一个帝国的事业。"赵姬的秋波转向异人。

然而，在这个被很多男子转来转去的女人肚中，此刻，有一个强大的生命正在酝酿、扩张。

秋波流转间，觥筹交错之际，赵姬却不曾去听听孕育的小生命那颗跳动的心，那么纯洁，那么无辜，那么善良，是不是在说：爸爸妈妈你们好，我是一个好孩子，请不要用那些龌龊的风流，那些见不得人的恩怨让我来担当，我很想纯洁地成长。

可惜，这样一些孩子成长的基本的需求，赵姬、吕不韦给不了，历史给不了，强大的秦国给不了，悲剧的历史酝酿人性的悲剧，人性的悲剧加剧历史的悲剧。

好，盗梦空间结束，一声叹息。

史论小结：嬴政这孩子，心理毛病这么大，为什么他却能扫灭六国呢？其实，还是古人说得对："奋六世之余烈。"

嬴政之前已经有6个祖宗替他打基础，尤其是他的曾祖父秦昭襄王，他采用张仪的连横法，范雎的远交近攻，并用白起为大将，将六国基本打残，已经将统一天下的格局定了下来。种子种下了，连果实都基本快成熟了，秦始皇这个"富七代"只是花点力气收获而已。在强势的基础上做强势者本应该可以做的事情，这个不算本事。

教育小结：子不嫌母丑，不等于子不嫌母坏。在孩子的性格成长史上，母亲是本源，是最后的避难地。如果说父爱如山，那么母爱如井、如泉。山是依靠，是榜样，井和泉却是本源。

所以，我们不难看到，一些憎恨父亲的孩子，还能勉强正常成长，但一旦孩子憎恨母亲，那他的健康成长就会大打折扣。或者在一些父亲很糟糕的家庭，如果母亲的品行立得住脚，孩子还能正常成长；但一旦母亲不堪，儿子性格的成长失去本源和最后的避难所，则极容易导致性格冷硬、残酷。所以说，宁可跟要饭的娘，不可跟当官的爹。

子不教，未必全为母之过，别老怪嬴政妈妈了，赵姬作为一个三陪女也只能在历史洪流中沉浮，无所选择。但是，在有所选择的平民百姓中，我们做父母的岂能不慎重？

诸葛家族的曲线突围

在三国的职场上，局面混得最大的家族是哪家？是诸葛家。三家公司都有诸葛家的人任职，而且都是高层，极高层，高处不胜寒的那种高层。最有出息的当然是诸葛亮，在蜀国是丞相，一直没换过届，所谓“蜀得其龙”；老大诸葛瑾，在东吴的职场，混到了大将军的地步，他那位聪明的儿子诸葛恪，也一度掌握东吴军政大权，所谓“吴得其虎”；堂弟诸葛诞，在魏国混，也混到征东大将军的地位，所谓“魏得其犬”。

然而，摊子铺得越宽，占的地越大，风险也越大，这个是成正比例的，在乱世职场，不可能纯粹收益而无付出。在三家公司都有份的诸葛家族，也跑不出这个规律，既要在繁花似锦中徜徉，也要在血雨腥风中沐浴。天命难违，事在人为的就是如何突围，我们来看看诸葛家族在三国职场的悲壮突围。

悲壮职场：三家有两家被灭

我一直在猜想一千八百多年前的南阳，那山不高而青，水不深而秀的隆中，当三位智者兼贤者：大哥诸葛瑾、弟弟诸葛亮、堂弟诸葛诞，走出这山清水秀的人间胜景，一个个被聘用为高层管理时，他们会不会想到，因为他们的职场角色，或者因为他们子孙的职场行为，会有一场场屠杀等着他们的家族，辉煌有多高，血腥也会有多厚。

我们不讲他们的辉煌，且看看他们血色黄昏般的结尾。诸葛亮在蜀国，可能是因为高踞在巅峰的缘故，也因为是人品实在无法挑剔的缘故，还有公司小、寡头少的缘故，诸葛亮的家族一直没有遭到内部的算计和清洗。

他们的灾难来自外部，公元263年，那是诸葛亮去世29年之后，邓艾大军奇袭四川，在绵竹，一场阻击战，让诸葛家族付出了两个优秀的男儿的生命：二代诸葛瞻，三代诸葛尚。虽然是死于血泊当中，但他们死的姿态很对，死的时间也很到位：殉国而死。在敌我对立不管如何激烈，但忠义标准完全统一的三国时代，他们成了谁都会尊敬的烈士。烈士嘛，大家都要学习，学习他们那么一股子为老板舍得死全家的忠烈精神，蜀国虽然灭了，但魏国、晋国都需要这股子精神，因此，诸葛亮的另一个孙子诸葛京，受到了烈士遗属的待遇，在新的政权下当地方干部。至于后来如何，因为没有出杰出人物，也就没资格上史书了，但从时间长度而言，对于一个家族，最重要的原则不是有多少达人、显贵，而是这个家族能绵延下去，诚如诸葛亮所言："苟全性命于乱世，不求闻达于诸侯。"好，从生存的角度而言，诸葛亮的家族突围了。

接下来的两个家族，更多的是悲惨。因为他们不是战死，不是殉国死，不是殉主死，而是死于刑法，一种灭门的刑法：夷三族。

诸葛瑾在东吴，性格上谨慎，关系上得孙权信任，角色上是亲蜀政策的最有力棋子，性格的优势加角色的不可替代，他一生是安全的。然而，他不看好自己家族的未来，因为，他有一个比他聪明的儿子：诸葛恪。聪明是一种优势，也是一种风险。诸葛瑾因为这个有点张狂的儿子，于是说了一句令人寒战的话：这小子会让我们的家族蒙上血红的颜色，"将大赤吾族也"。用一个"赤"字来描述一个家族的命运，多么残忍的语言。

诸葛瑾是个神奇的预言家，在他死后12年，这个家族走到了尽头。公元253年，已经升到太傅职位的诸葛恪因为指挥了一场失败的战役，露出了他职场上最大的漏洞，一个无法遮住的漏洞，他的政敌们于是顺着这个漏洞进攻他，摧毁他，于是，诸葛恪被灭门，灭族：父族，母族，妻族。同样是血红，诸葛亮家族显示的是悲壮，而诸葛瑾家族却湮灭在无辜妇孺呼号的血泪中，这个家族突围失败，被全歼在包围圈里。英雄的职场虽然辉煌，却也多血腥和悲惨，慎入啊。

诸葛诞在魏国。诸葛家男人的能力不是盖的，这位被人称为"犬"的阿诞，一路做到了镇东大将军，扬州军区司令的职位。做到了巅峰，也就做到了尽头。因为好友夏侯玄的被杀，诸葛诞怀疑自己也已经被组织放弃，也是组织清洗的对象，于是自己先放弃组织，把组织变成敌人。公元257年，他以寿春为据点，举起旗帜向司马家族的清洗说："不。"

诸葛诞在此时做了一个正确的选择，一个对于家族来说很正确的选择：派儿子诸葛靓去东吴求援兵。诸葛靓突围了，等于诸葛诞家族也突围了。

此时，不仅是司马昭要灭掉诸葛诞家族，老天也要灭掉诸葛诞家族。司马集团的手段是战争，而老天的手段就是：不下雨。司马昭大军围城的时候，按照常理推算，应该是大雨滂沱的汛期，司马昭的军队无法驻扎，将不战而退。

然而，老天也会改变主意，这一年的雨季变成了旱季。在老天爷的算计面前，人谋彻底崩溃。258年，司马昭攻进寿春，诸葛诞的命运毫无悬念地重演残酷一幕：诛灭三族。在被鲜血染红的命运中，多少有着悲壮的一幕：数百位诸葛诞的亲信，拒绝投降，喊着"为诸葛公死，不恨"的口号，一排排不屈的头颅铿然落地。

就在这个时候，下雨了，似乎是来清洗现场的，迟来的雨水，饱酌着诸葛家的鲜血，流淌在三国的大地山河上。

血雨的外围，一个叫诸葛靓的后生安然无恙，他站在大江的东边，咬牙切齿地遥望着这一切，这个家族的未来命运又如何呢？

神奇的突围：诸葛妹妹的手段

公元258年，血腥的一幕落下了，诸葛诞家族的辉煌宣告结束，然而，家族仍然在绵延。

诸葛靓已经突围了，带着这个家族的血统和血气突围了。诸葛诞家族被司马集团屠戮，魏晋时期的丛林法则是很残忍的，诛杀三族，不仅包括一族的男女，也往往波及该族已经外嫁的女性。然而，在司马集团挥舞的屠刀下，留下了诸葛诞的女儿，即诸葛靓的姐姐。

为什么？因为，她是司马家的媳妇，是司马懿的亲儿媳妇，是司马懿儿子琅琊王司马伷的媳妇。可能在自家的儿媳面前，这种残酷的游戏规则稍稍地温柔了一下，刀锋举高一寸。估计主要目的是不想让司马家的第三代失去母亲。

我想，这位诸葛家的妹子，眼睁睁看着自己娘家的亲人，一个个倒在血泊中，她会有多少个夜晚在极度的精神痛苦中辗转难眠？她的心灵要承受多少无法想象的冲击？历史都不会记载。同时，她会是多么牵挂那位远在东吴的弟弟诸葛靓？有多少次为这唯一的娘家亲人祈祷平安？

她没有想到的是，姐弟还会重逢。历史合久必分，分久必合，家族也这样。

还是由历史的节奏决定的。诸葛诞事件后第22个年头，公元280年，已经更名为晋的北方集团南下，“王濬楼船下益州，金陵王气黯然收”。东吴灭亡，我们看到的是轰轰烈烈的陆战，惊心动魄的水战，看到的是孙皓在降幡下走出石头城，向西晋投降，向历史的必然规律投降。

我们没有注意到的是，在投降的人群中，有一个叫做诸葛靓的人。

好不容易逃脱司马集团的魔爪，如今又被笼罩在这魔爪的阴影下，诸葛靓如何突围？这要看生存智慧了。当时南下的大军有好几路，选哪一路投降？这个有讲究，诸葛靓选择了司马伷的那一路部队。因为，司马伷是他的姐夫，亲姐夫。

而且时代变了，司马家族掌权的事实虽没有变，但辈分变了，新时代的老大，司马伷的侄儿——司马炎，是诸葛靓的发小。司马炎忘记了当初两家的紧张关系，却没有忘记与诸葛靓的友谊。

有了姐夫和发小这两层保险，诸葛靓在杀父仇人、灭族仇人的地盘上安安全全地待着，他承认了失败的事实，但没有放下仇视的心态，常常背对着洛水河坐着，洛水是司马家地盘的象征，面向他就是臣服于他。因为仇恨一个家族，从而仇恨一条河。地理也会被情绪化，这也算是一种文化吧。

司马炎想见老友一面，但老友只记得血海深仇，不见，人家二郎神对玉皇大帝听诏不听宣，如今诸葛靓是诏也不听，宣也不听，任命为大司马，老大的官呢，也不来。司马炎琢磨着要见老友一面，委托谁呢？这个时候只能委托婶婶诸葛氏了，也就是诸葛靓的亲姐姐。

诸葛姐姐答应了侄儿，安排了这次会面。她先叫弟弟过来司马伷家吃饭，姐姐有请，弟弟当然会来，就在这当口，司马炎出现在面前，很热情地招呼：“老友，多年不见，你还好吗？”诸葛靓进退不得，也迫于司马炎的势力，不得不和仇家一桌喝酒吃饭，司马炎喝高了，不由得缅怀童年的乐趣，天真地以为诸葛老友也会和他一起缅怀，于是不知趣地问：“哥们，还记得我们小时候骑过的竹马吗？”

此刻，在司马炎的眼中，诸葛靓是一起骑过竹马的发小；然而，在诸葛靓的眼前，只是血海的深仇，他不能报，却还要和仇人的后代一桌吃饭喝酒，于是咬着牙齿，悲愤地说：我不能学史上为主报仇的豫让，却又厚着脸皮来见到您。言下之意，我没掐你（当然也掐不着），能这么平平静静见你，还跟你喝二锅头，你就知足吧。

对这场会面，《世说新语》的记录是：“帝于是惭悔而出。”惭愧地闪了。这惭愧的一瞬间，就是司马集团内部人性闪光的一瞬间。司马炎相对于他爷爷司马懿，他老爸司马昭，他老伯司马师，人性的闪光点相对要亮多了，他能宽容刘禅，能宽容孙皓，甚至能宽容不给自己面子的诸葛靓。不只是人性使然，而是因为他们司马家立足已稳，从野心家变成了执政集团使然。只有胜利者才有资格讲宽容。

对于这次会面，我们还是将焦点落在诸葛姐姐的身上。这位诸葛家的女儿，为何要安排这次尴尬的会面？我想，还是为家族的安全使然。经过一次血腥的屠杀后，她深知自己家族能生存下来，很不容易，既然当政者有意与他们家族和解，那么就顺水推舟安排这次化解恩怨的见面。进一步而言，如果成功，那么他们家族就会重振；如果不成（依她做姐姐的对弟弟的了解，也知道弟弟不会妥协），至少司马炎会看这个婶婶安排见面的面子，还会保全这个家族。

果然，诸葛靓在西晋并没有受到任何威胁，他的儿子诸葛恢还做到了尚书令的位置。

这位诸葛姐姐的心思不是我乱猜的，她不能像她父亲诸葛诞那样扯起旗帜反抗，也不能像弟弟诸葛靓那样远走他乡，她是杀父仇人家的媳妇，她以男权社会中女性特有的方式表达自己对娘家家族的关怀、保护，甚至为这起血腥案件讨回一点点公道。我们看她是怎么操作的。

首先体现在儿子的取名上。她为司马伷生的长子，取名司马瑾，又名司马觐，这个“瑾”字有讲究，就是在东吴的诸葛瑾的名字。如果说这只是猜测的话，那么司马瑾的字也透露了这个信息：思祖。两个信息加在一起，就很明白了。类似的信息还有，诸葛姐姐与司马伷的第三个儿子司马繇，字思玄。思的是什么玄，答案揭晓：诸葛诞的父亲，诸葛亮的叔叔，也就是诸葛姐姐的祖父，叫诸葛玄。

从这些名字可以看到这位诸葛家女儿的心理，她通过给儿子取名字的方式，寄托对娘家家族的思念和哀悼，这个家族不只是诸葛诞家族，也包括在江东不幸遇难的诸葛恪家族。两个家族，在血腥中几乎消亡殆尽，留下来的沉甸甸的哀痛，主要由她和弟弟来承担。

不只是取名，在实际行动上，这位诸葛姐姐也有一手。当年她的父亲诸葛诞在寿春，杀了手下部将文钦，文钦的儿子文鸯和文虎，为报父仇向司马昭投降，然后打进寿春城，手刃诸葛诞，并且玩重口味的报仇方式：活人取肝，生吃了诸葛诞的肝。冤冤相报不会了，如今诸葛诞的女儿得势了，这位诸葛姐姐的三儿子司马繇，即司马思玄，利用权势诬告文鸯谋反，谋反是大罪，诛三族的大罪，于是，杀父仇人被“夷三族”。这个浑身上下每个毛孔都透着血腥气味的法令，既用来迫害，也用来报仇。

不难想象，诸葛诞的外孙司马繇诛杀文鸯的背后，肯定少不了他母亲咬牙切齿的嘱咐。因为有史书记录，在报仇之后，这位母亲才放心去世，她的心愿已了，不能向司马家报仇，至少让亲自动手的凶手偿命了；诸葛家族的一支还在抽枝发芽，开花结果地生存下去。

在演义没有宣扬的另一面，该隐藏着多少惊心动魄的传奇，多少不为人知的爱恨情仇。

故事还没完，诸葛姐姐的长子司马觐，有一个儿子，也就是诸葛姐姐的孙子，也就是诸葛诞的曾外孙，也就可以说是诸葛亮和诸葛瑾的曾外孙，叫做司马睿。司马睿是谁？就是东晋的开国皇帝——晋元帝。

这也算不算是一种家族突围呢？

结语：君主社会职场的最大风险在于：要用几个家族的生命为你的失误或者执着买单。中国史上有多少个家族是因为这种处罚而从历史舞台上消失了呢？

诸葛家族血淋淋的经历，提醒我们，随着人类文明的进步，职场风险的形式也在变化，对于出错导致的惩罚也在变文明，现代的人们，不必要冒着家族被灭的危险出来谋职，不必要担心自己的失误导致亲人友人受牵连。

庆幸吧，活在当代职场的一族们。

魏晋职场背后的神奇丑女

三国魏晋时期职场的风险系数相当高，战乱且不说，老板的心态捉摸不定，你的性命也捉摸不定，曹操求贤若渴，可杀起孔融杨修来，眼睛也不眨一下；而且老板又频繁地换，在中原地区，从汉系换到魏系，从魏系换到晋系，站队和保持政治贞洁是个很纠结的问题。

有点分量的精英人士，总要出来混职场，不管是混碗饭吃，抑或是为了理想，不至于个个都像管宁那样到死都做宅男，洗澡都不出自己的菜园子。然而，职场有风险，操作要谨慎，随时会面临灭门甚至灭族的命运。这样的命运不是说有足够的智慧就一定能避免的，还得有足够的运气。如果运气实在不佳，也能有危机公关技术，将风险降到最低点。而这一点，就有待那些上不了政治舞台的女性了。

有这么一个恐龙妹，姓阮，她将丈夫家族的风险系数一次一次地降到最低点，顽强而聪明地和不可避免的政治大势拼搏着。

丑新娘的危机公关

这是一个大家都熟悉的婚姻故事。魏国的官宦家族许家的公子许允，娶了另一个官宦家族阮家的阮小姐，本来门当户对的事，却偏偏有一个缺憾：新娘太丑，是个恐龙妹。新郎对她没胃口，久久不愿进洞房。许家的人和阮家的人都很着急，这个时候可能需要一个许允能够接受的人来做他的思想工作，这种做思想工作的人最好是许允所敬重的朋友。

这个人到了，叫桓范，这哥们怎样？看过《三国演义》的人应该知道，司马懿集团称他为智囊。新娘叫丫鬟去看看是哪位哥们来劝她的夫君，丫鬟看了之后回来报告说："是桓范。"新娘立即看到了希望，她欣慰地说："不用担心了。"阮姑娘对这位朋友很有信心。好鼓不用重锤，桓范的话也不多，只是轻轻敲打了许公子一句："阮家把个丑闺女嫁给你，绝对不是蔑视你，肯定有他们的用意，你开动脑筋好好想一想。"许公子是聪明人，哪里用得着再费口舌。他领悟了，于是进了洞房，然而，一看阮姑娘那副尊容，实在没口味了，转身要闪，在这决定一生幸福的关键时刻，阮姑娘可不软，她一把抓住帅帅的新郎，不让走。新郎许允的一句话几乎可以把新娘憋成内伤："妹子，妇女同志要求具备四美，你具备吗？"所谓四美，就是妇德、妇言、妇容、妇功，就是品德好，口才好，长得靓，还要有技术，当然是缝衣服做鞋子的女红技术，换到现在应该包括翻墙之类的了吧。

阮姑娘可不是软柿子，她首先大胆承认自己的缺陷：长得对不起新郎，但她避开自己的缺陷，反戈一击："确实，你老婆长得不好，但我在四美中具备三美，就差长相这一个选项了，可读书人公务员有一百项准则，你具备吗？"许公子鄙夷地、骄傲地笑了："还跟我比素质呢，我样样都具备，怎么着？"阮姑娘一下击中新郎的软肋："君子准则的第一条就是讲究德行，你却好色不好德，首要的一条不过关，其他后面的九十九条你全白搭了，你还好意思吗你。"偶的神啦，此女不简单，许允一下子折服，于是和她成了夫妻。

从新婚之夜看，阮姑娘很有公关技巧。阮姑娘变成阮太之后，就等于将自己和许允的职场生涯、职场风险捆在了一起，我们看她怎么公关。

丑女的智慧是美丽的

许允的职场生涯一直充满风险，而且越到后面风险系数越大，这是对许允的考验，也是对枕边人阮太的考验。

第一场考验是许先生在吏部任职期间，当时他的职位大概相当于组织干部。有一次，魏明帝曹睿忽然接到举报说："阮大人举荐的干部都是自己的高阳老乡，有树立私党之嫌。"曹睿大怒，通知许允去接受调查。命令来了，两口子还来不及开家庭会议商量对策，阮太赤脚跑出来，仓促之中，给了老公十字方针："明主可以理夺，难以情求。"对聪明的老板，可以跟他讲道理，不要跟他求情。这在当今，也算是职场上和老板相处的金玉良言了。

许允谨记老婆的教导，来到朝廷，魏明帝质疑他为什么用老乡担任要职，许允拿出圣人孔子的名言回答：孔子说过，起用你所熟悉的人，"举尔所知"，我的老乡，才是我最了解的。用圣人的教导压住场之后，许允又蛮有把握的说："如果您觉得我用人不当，那您可以进行人事考查啊，要是有一个不称职的，我许某愿意接受惩罚。"许先生谨遵老婆的教导，对老板并不动之以情，而是晓之以理。考查结果是：许先生举荐的官员个个合格。可见不仅要靠老婆指点，打铁也要自身硬，业务上不能有差错。在知道冤枉了一位好同志之后，魏明帝满怀着歉疚，于是久久地看着许先生，这才发现许先生穿的实在艰苦朴素，曹睿感叹："清吏也。"清官也，可见不存在收受老乡贿赂卖官之事。这行头是不是阮太的包装艺术呢？刻意叫老公着装寒酸去见皇上，不得而知。惭愧的曹睿为了弥补，特意赐许先生新衣服。

许家这边呢，以为许先生不能活着出来了，举家号哭，只有许太太镇定自若，在厨房里做小米粥，很有信心地等着老公回家。不一会，老公安然而返，许太太端上一碗热气腾腾的小米粥，我想，在端上小米粥的那一刻，许太太在许允的眼中，一定是天下最美的女人，因为她的智慧，因为她的贤惠……

然而，一关刚过去，另一波风浪又来到，以后许允所面临的风险，远非第一波所能比拟的。这个世界的凶险太强大，一介书生和一介弱女能对付吗？

用智慧战胜运气

接下来的风波，有点复杂，要慢慢交代。许允当官的那个时代，是由曹家向司马家过渡的时代，大家面临一个站队的问题。许允的立场似乎偏向司马家一点，这个选择没有错，从前途和生存而言，都没错。许允为司马集团出力，是立过功的。公元249年，曹爽带着皇帝出城去高平陵祭拜明帝，司马懿这只装病的老狐狸却关起城门搞政变。结局大家都知道，然而不可以忽略两个人物，一个是桓范，一个是许允。两个是挚友，当年在新婚之夜劝许郎进洞房的桓范，站队在曹家这一边，作为农业大臣的他，抱着调动粮草的官印，斩关出城，劝曹爽起事，曹爽还在犹豫；许允却站队在司马集团这一边，劝说曹爽弃暗投明，只要放弃武装力量，绝对保证安全，而且还指着洛水为证。许允在这事上做得不厚道，或者是他本来还厚道，却被不厚道的司马家利用了，智商停留在猪狗层次上的曹爽居然答应回城，然后，被灭门没族，许公子的老友桓范也被灭掉了。

这是许允为司马集团立的一单大功劳，站对了队伍，又立下大功，应该在魏晋过渡时期的职场高枕无忧了吧？非也，事情远不是那么简单，不幸的是，许公子也把事情看简单了。他既然与司马集团站在一个行列，却又站得不坚定不彻底，还挺把友谊当回事，仍然与曹家的夏侯玄、李丰等人来往密切。他可能想保持一个超派系的角色，然而，在那个凶险的职场，还容许超派系人物的存在吗？

曹爽事件之后，司马家将红线收得越来越紧，从诛杀核心政敌扩展到诛杀外围的政敌。公元251年，司马懿寿终正寝了，天真的许允为夏侯玄松了口气，安慰他说："老头子死了，你不用担忧自己的安全了。"夏侯玄却忧心忡忡地说："老许啊，司马懿还能够以一种长辈对晚辈的眼光来看我，多少有点慈爱，下不了手，如今老头子走了，他的两个儿子和我们是平辈，就不会像父辈那样看待我们啦，危险还才刚刚开始呢。"

事实证明，许允有点政治近视。三年后，夏侯玄和李丰被逼得谋反。他们想到了老友许允，于是在事前做了一份假诏书，一大早派人送到许家门口，许允拿了诏书，上面写着若事成，封夏侯玄为大将军，封许允为太尉。

许允拿着这份意欲拉他为同盟的诏书，在家里纠结起来。他既不想参与谋反，又不想向司马集团告密，他在友谊和政治安全之间徘徊着，然后，他的选择就是将诏书烧掉，以为这样就可以向两边都有一个交代。

许允错了，他一定没有问过他聪明的老婆。政治站队最忌讳犹豫徘徊，要的是果断，要么果断地出卖，要么果断地坚守，没有任何中间状态可以存在，哪怕暧昧状态都不容许。

诏书的事情，隐隐约约传到了司马师的耳朵里，虽然不能明确，但总有些影子，虽然因为许允烧毁证据而无把柄，但已经在司马师司马昭的心里投射一个阴影，许允的忠诚度被打了一个大大的问号。政治不是司法，它不需要明显的证据，只要一个怀疑，就可能成为动手的理由。

可能就在这个时候，看着老公在曹家和司马家之间转悠，一次次犹豫不决，阮太很心痛，她写了一封长信劝诫老公，可惜史上没有记录下来，只知道此信“辞甚酸怆”，读了令人心酸悲怆。具体内容虽不可确定，却可以看得出来，阮太对老公的作为是持反对态度的，这位具有远见的太太，一直在为老公的安危担忧。

可惜的是，接下来的事态不是这位太太所能控制的。254年，夏侯玄李丰政变未遂，被逮捕，许允去见司马师，却有点做贼心虚的味道，半路上又折回，这个场景让司马师不得不又联想起那份很暧昧的诏书，疑点在他心里扩散。

然而，这只老狐狸没有直接动手，他在下手前反而提拔许允当镇北将军，在赴任前，他还用老朋友的语气给许允写了一封信，鼓励他在新的地方好好工作，好好表现。在打击一个人之前，首先提拔他，其实是麻痹他，这是屡试不爽的谋略。

有了新的任命，有了亲切的问候，许公子的眼光被蒙蔽住了，说实在话，这位公子的眼光实在有问题，始终没有长进。他乐呵呵地对太太说：“上头对我委以重任，又这么亲切地慰问我，估计没什么危险了。”智商高过老公的阮太，此刻却忧伤地说：“祸害就在这里，还有什么可高兴的？”

许太太果然有远见，就在许先生就任前夕，忽然有人举报她老公在担任中央官员期间，擅自动用国家物资，也就是挪用国家物资罪。这不是死罪，但只要是罪就行，能放倒你就行。司马师无法确定当年的诏书事件的真伪，无法确定许允是否参与叛乱，但已经对此人不放心了，因此，不方便用谋逆的罪名除掉他，那么就借用一个其他的罪名除掉他。

冰雪聪明的许太太一下就看穿了这一切的联系和玄机，然而，她有这样的眼光和智慧，却没有应付这种危机的实力，这回她救不了她心爱的老公，只能眼睁睁地看着老公被充军，然后在路上，老公死了，传说是饿死的，又传说是被司马师派人暗杀的，反正，被定点清除了。

许太太的实力，不能消除危机，因为这个危机的制造者——司马集团，实在太强大了，可贵的是，她能够在最差的环境里，在几乎绝望的环境里，打好手里的牌，做一个漂亮的挣扎，争取最好的后果，将风险降到最低。

许允死了，许太太带着她与老公的两个儿子：许奇、许猛，就露宿在老公的坟墓旁，每天早晚都要在坟墓前哀哭，这么一闹不是几天，而是好几年。当然，我认为也不是存心闹，而是真心的悲伤，一种无法用时间来消弭的悲伤，有真智慧的女人应该是有真感情的。

这么哀哀凄凄的场面上演着，肯定也传到司马师的耳朵里去了。这场面太有杀伤力了，司马师此刻也"内愧于心"，于是受不了，派手下钟会去看望这母子仨。司马师事先交代，如果才能跟他们老爸差不多，那就斩草除根。

钟大人来了，会客之前，两个儿子跟老妈问主意，许太太很镇定地指导他们："你们的才能跟老爸没得比，跟钟叔叔有什么就说什么吧，但是记住，不要过分悲伤，哭一哭，点到为止。对于国家大事，朝廷的事，半句也不要过问。"两个孩子按照母亲的嘱咐跟朝廷派来的探子钟会见面，果然消除了钟叔叔的疑虑，钟会将情况向老大汇报："许家的孩子也就那样，似乎也没怎么记他们老爸的被杀之仇。"司马师放心了，许家终于摆脱了第二次的血雨腥风。

若干年后，这两位公子又被朝廷重用，许奇做了长史，许猛做了刺史。

一个血雨腥风之后的家庭，经过阮太这个智慧女的打理，终于重新摆脱颓势往上走。

结语：事隔1700多年，当我翻开《世说新语·贤媛》看到那位丑女说服新郎进洞房的时候，联想到这个家庭后来面临的灾难，不由得产生一份庆幸：幸亏许允娶到了这位妹子，幸亏桓范劝说好友走进了洞房，幸亏这位恐龙妹勇敢地扯住了新郎的手，否则的话，许家的命运会是怎样一种局面呢？

鲁国贵妇提倡劳动光荣

人生天地间，总要有点职务，有点事业，我们的吃穿住行，都从这职务和事业上来。谁养活我们，我们就得敬谁，所以我们就得尽职和敬业。这是职场人对待饭碗最起码的态度。

如果你对你的饭碗不敬，例如上班时玩网络游戏、炒股，甚至在人命关天的时候，作为医生的你，却还在“偷菜种菜”，那就是你不尊敬你的饭碗，不尊敬自己的饭碗，等于从别人饭碗里夺食，等于剥削别人，所以，过去批评好吃懒做者时，总要有一句：受封建剥削阶级思想影响，不爱劳动。

古代的管理层真的一直奉行好逸恶劳吗？他们也有职业准则吗？让我们翻开《国语》，或翻开《古文观止》，看看《敬姜论劳逸》，去找找答案。

引子：贵族妇女亲自纺织

2000多年前的山东曲阜，下午，鲁国的首都，一个叫公父歜的公务员，下班回来，公父歜当时的职位是下大夫，胡乱地估算一下，相当于今天的厅级干部吧。

公父歜回到家，听到一阵织布的声音，抬头一看，却见自己的老娘敬姜，正一板一眼地织布。公父歜伤不起啊，如果当时有微博的话，估计早蹿红了，微博标题就是：厅长老娘织布补贴家用。公父歜赶忙劝阻老娘这种与身份不符的行为：“老娘呀，凭着我的待遇，还得麻烦老娘织布赚外快，我的顶头上司季康子要是知道了，肯定很生气，后果很严重。”

公父歜的尴尬该怎么理解呢？先让我们大体估算一下公父先生的薪水和待遇。那时候公务员的收入不是打到卡上，而是打到田产上。据《礼记》和《孟子》可知，周朝天子的薪水就是纵横一千里地盘上的产出，大国国君的薪水来自于纵横一百里地盘上的产出，卿（大概是中央部委以上的干部）的收入则来自纵横十里地盘上的产出，大夫呢？其薪水来自于纵横2.5里地盘上的产出。公父歜就是大夫。这方圆2.5里是什么概念？

周朝厅局级干部待遇推算

春秋时代的一里等于三百步。一步等于6尺，一尺等于23厘米多一点，一步约140厘米，三百步就是420米。方圆2.5里（2.5乘420米）就是相当于现代的周长一公里左右，折成正方形，每个边长250米至260米左右，面积则是六万多平方米，当代一亩相当于六百多平方米，那么算下来，公父歜的田产大概相当于现代的一百亩左右。

那时候没杂交水稻，吨粮田还早着呢，一百亩不算很丰厚的田产。孟子说，这些资产的功能只是“代耕”而已，就是让你免于耕种，抽出身来管理事务。糊口之外别想太多。

当然，本人声明一句：以上计算方法不尽科学，具体情况估计有争议。同时，当时鲁国各厅各部门的收益、年终奖、分红应该有区别，不能一概而论。但就摆在地面上的待遇而言，一百亩田够一家老少的开支了，用不着老娘织布补贴。

看儿子这么纠结，敬姜女士叹气说：“鲁国快要完蛋了吧，有你这样的傻小子当官。坐下来，让娘跟你说说。”

教育启示一：沃土上的民众不成材

厅长老娘的劳动教育课开讲了。老人家先从地理环境与人才的关系讲起来，分明就是近代流行的地质决定论和地理经济学。敬姜老太说，高明的领导人，会将百姓放在土地贫瘠的工作环境中。因为土地不给力，耕种的人就得给力，琢磨着在有限的土地条件下，尽量将粮食作物、经济作物产量提高，这就得费心思费体力。肯费心思费体力的民族就是给力的民族，给力的民族就是善于思考的民族，善于思考的民族就是有善心的民族。“夫民劳则思，思则善心生。”如果土地太给力，人就不给力，不给力的人民就会太闲逸，太闲逸就产生腐朽堕落思想，所以“沃土之民不材”。

评点：

沃土之民未必不成材，我认为敬姜老太所谓的沃土，其实可理解为相对较好的生存环境。相对恶劣的环境会激发人的创造能力，鲁国的邻国齐国，海滨全是盐碱地，连贫瘠的资格都没有。

姜太公承包齐国，带领齐国人民一起致富，不能种地，就发展海盐业和捕鱼业，结果齐国GDP天下第一。

伊朗高原也算是贫瘠之地，当年波斯帝国将地盘扩大到北非之后，有人劝国王将国民从高原上迁到沃土上去。国王不答应，理由是：伊朗高原能磨砺民族的刚强素质，一旦迁出，民族的战斗力就没了。

教育启示二：周朝君臣没一个吃闲饭的

在树立不劳动就不成材的教育观念后，敬姜老太继续教育她的厅长儿子，她列举了两三千年前周朝国家元首和国家公务员的作息制，说明当时的管理层及其家属，没一个闲着的。

天子

春分这天，大早就得起来，叫齐了大伙儿，穿着五彩大花衣，去考察土地情况，估计得在田间地头转转，翻一翻土壤。中午还不能午睡，要听取工作汇报，考察各部门负责人的执行政策情况。到秋分那天，也不闲着，叫齐天文专家，毕恭毕敬研究老天爷的脸色，琢磨着老天爷哪里不高兴了，咱得如何改进。什么是老天爷的脸色？按孟子的解释，就是老百姓的脸色。到晚上，还没闲着，还要检查祭品的情况，祭拜月亮神的食品里，可别放塑化剂。搞掂这一切，才能就寝："而后即安"。

诸侯

每天都没闲着。大早起来就琢磨中央的政策，领会上头的精神，"修天子之业命"。琢磨完，也别想睡回笼觉，白天要考察国家事务，傍晚琢磨国家的法制，晚上还得给各厅各部门的主管人讲话，告诫他们不要怠慢公事，"夜儆百工"。一切办妥了，"而后即安"。看来一天不是八小时工作制。

卿大夫

卿是中央干部，大夫是地方干部。似乎也不是八小时工作制。早上要提醒自己是干吗的，职务是什么，例如你是管交通的，那么大早起来就得想想哪条高铁正在修，哪条公路桥会不会垮。白天办公，傍晚总结整理一天的工作，下午五点过后，别以为就下班了，还得料理家务。一切搞掂，"而后即安"。

士

在这里似乎是文化人。大早要接受老师的课题，白天讲习，傍晚复习，这是学业。晚上就进入人品的操练阶段，老实反思自己有没有过错，如果觉得踏实，今晚不会鬼敲门，才能踏实睡觉。"无憾而后即安"，可谓活一天就保障一天的人品。

老百姓

日出而作，日入而息，“明而动，晦而休”，没有哪天怠慢工作。

管理层的家属

至于太太们，也没时间搓麻将。王后、诸侯夫人、卿大夫夫人，都离不了针线活，要亲自给老公做礼仪服装，哪怕做做裤带也行。做的衣服都要穿出来参加国家大典的，夫人的面子就挂在那上面了。

劳动课上到这里，敬姜老太最后做课堂总结：阿歜，你明白为娘的用心了吧？我从早到晚纺纱织布，为的是不忘记先辈热爱劳动的光荣传统。我如今守寡，你职位又不高，要是再不劳动，再不敬业，这个家的命运也就悬乎了。

结语：敬姜老太最后告诫儿子的话，其实就是说，劳动会让一个家庭、一个团体有安全感、踏实感。

中国史上历朝历代的更换，原因很多，其实归结起来就一点：管理层不敬业不尽职。有首名为《伐檀》的诗，或许就透露出周朝的管理危机：管理层尸位素餐，君不干君的活，臣不尽臣的职，干活的不如不干活的，干得多的不如干得少的，多干活的羡慕少干活的，少干活的羡慕不干活的。待遇的差别不从劳动中来，而是从劳动外来。当尽职劳动成为发达的累赘时，社会便会失去踏实感。

从这点来反思，就可以明白敬姜老太摇动纺车时，那种深入骨髓的危机感。

诸葛亮娶恐龙妹的背后

诸葛亮夫人长得不咋的，这已经不是一个新闻了，而诸葛亮娶妻重德不重色，也被作为一种美德而传扬。

但这种美德往往是一种我们能够敬仰，却无法理解的境界，我们男性很可能对诸葛亮此举私下里会如此赞叹：高，实在是高，但对不起，我实在学不来。

因此，对于那种高耸入云，凡人似乎不可及的美德，我们除了歌颂，似乎还要从心理层面做更多的探索和了解。

诸葛亮选媳妇：失败的典范？

关于诸葛亮的婚姻，民间有很多传说，例如说其夫人名为黄月英，诸葛亮鹅毛扇上的八卦图就是她描绘的，为严谨起见，这类传闻本文一概不采用。

在《三国志·诸葛亮传》里倒有一则这样的史料，出自《襄阳记》，荆州的名士黄承彦老先生有一回对诸葛亮说：孔明同学，听说你在选媳妇，我家里有现成的一个闺女，不过说实在话，长相真不咋的，是个丑丑的"恐龙妹"，黄毛丫头一个，告诉你，可真是黄头发哟，而且肤色黑，但是呢，我这闺女有才，可以跟你匹敌，你看中不中？"闻君择妇，身有丑女，黄头黑色，而才堪相配。"阿亮（诸葛亮）说："中。"于是黄老先生开车把丑丑的闺女送到诸葛亮的草庐里成亲了。

诸葛亮是帅哥

从史料的记载来看，诸葛亮先生和夫人在相貌上确实不相般配。诸葛亮儿子的同事，《三国志》的作者陈寿这样描述诸葛亮的外貌："身长八尺，容貌甚伟。"

汉朝的一尺相当于现在的23公分左右，那么诸葛亮的身高应该是184公分上下，比皇马的小贝还高一公分，容貌又威严，足足一个帅哥。而黄家闺女，可能因为缺少什么微量元素，导致头发是黄的，皮肤也黑，估计不是吉克隽逸那种性感的黑。

诸葛亮的择妻，在当时被南阳乡里视为失败的典范，诸葛家这么帅的小伙子，选了那么丑的闺女做终身伴侣，因此乡里有个嘲笑他的段子："莫作孔明择妇，正得阿承丑女。"千万别学孔明同学选媳妇，大好一个帅哥要去奉承"恐龙妹"。

很有可能就在这件事情上，乡亲们都认为阿亮哥没有眼光，因此当诸葛亮自诩为管仲时，乡亲们都不认可，他们认为选媳妇眼光差，做事业就眼光更差。接下来，且试着分析诸葛亮老师如此择妻的心态。

诸葛亮没有美色心理障碍

有不少文章分析认为，诸葛亮娶黄家闺女，是为了跻身襄阳的上流社会，因为黄承彦家是襄阳的大户人家，这种实用主义的分析也是有道理的，我们没必要将阿亮哥理解为不食人间烟火、不爱人间美色的重口味怪兽，他选择黄家闺女做媳妇，不排除有一些实用主义的动机，然而，人不是总为动机而活着的，尤其是像诸葛亮这样有素质有境界的人，娶一个连你自己这一关都过不了的女人，你要忍受一辈子，何苦?

我认为，黄承彦老先生是真的很看重、很疼爱自己的闺女，其实，一些家长对自己长相丑陋的儿女也是有歧视的，尤其是女儿，一般家长的心理是：我这么个丑闺女，只要能嫁出去，我都要谢天谢地烧高香了。家长的这种自卑心理折射出对女儿的歧视。

黄承彦老先生则不然，他真心觉得自己的女儿很了不起，不能随随便便嫁给阿狗阿猫，一定要选一条龙，他必须选一个才气和品行都对得起他女儿的好女婿。

而黄承彦对诸葛亮的说亲也是认真负责的，他并不是因为诸葛亮是个住茅庐的穷小伙子，没什么条件好谈，随便将丑闺女塞给他。他不是在将就，他也是真心看得起诸葛亮，觉得这么好一个小伙子，只有自己的高素质闺女才能扶助他，千万别让其他庸俗女子给糟蹋了，赶紧地将闺女嫁过去，以成就一代卧龙的宏伟大业。

从诸葛亮的角度而言，他是出于对黄承彦老先生的信任，才冒着被全乡里人笑话的风险，毫不犹豫地娶了黄家闺女。这种信任，是从平常与黄老先生的交往中积累下来的，老先生素质这么高，品行如此可靠，他把闺女托付给我，肯定不是偶然的。

《世说新语·贤媛》里也有类似观点，魏国名士许允娶了阮家的闺女，这媳妇长得“奇丑”，拜完天地，许允就没兴趣进洞房了，这时，许允的挚友桓范来劝说许允，其理由就是：阮家把这么个丑闺女嫁给你，不是将就，也不是羞辱你，肯定是有良好用心的，你要好好体察这一点，“阮家既嫁丑女与卿，固当有意，卿宜察之”。事实证明，阮姑娘确实是个难得的贤良媳妇。许允境界比诸葛亮低一点，还需要朋友提醒。

说完这些外在的东西，最后得落实到本体——诸葛亮本身。阿亮哥有一种境界，是常人所不能及的，他在观察配偶和选择婚姻时，能够超越美色这一层心理障碍，选择美色之上的一层：素质。对美色的愉悦和执著，也就是说大老爷们爱美女，这是人之常情，但有时候也是一种认知障碍，尤其是在婚姻爱情方面。境界稍高一点的人，也要努力克服这一层心理障碍，而阿亮天生境界高，他自然而然地跨越了这一层障碍，因此，他不觉得娶一个丑妻是一件必须忍受的事情。

诸葛亮为人淡泊

诸葛亮的这种心态，不是我瞎说的，众所周知的一句话可以证明，就是他训诫儿子的一句话："淡泊以明志。"诸葛亮做人很淡泊。正因为淡泊，省却了一些口味上的诱惑，一些外在形式上的诱惑，人要淡定下来，才明白自己真正需要什么，真正要做什么，这叫"明志"。淡泊的本性让诸葛亮超越一些物欲上的障碍，全力去做事业。然而，可能让大家意想不到的是，淡泊还能让诸葛亮克服美色上的障碍，真心真意找一个志同道合，能对自己事业有帮助的终身伴侣。

所以这里有个感慨，找对象，相媳妇，还是口味淡一点好。女方反过来亦然。淡泊以明志，借用到爱情婚姻上，就是淡泊以明"情"。物欲和美色欲淡却下来了，"情"才可以凸显出来。

八卦：诸葛亮刘表是亲戚

这个八卦，易中天先生也讲过。诸葛亮的岳母是襄阳名士蔡讽的大女儿，蔡讽的小女儿，也就是诸葛亮岳母的亲妹妹，嫁给大名鼎鼎的刘表，刘表就是诸葛亮夫人的亲姨父，诸葛亮要是见着刘表，也得叫声姨父。这里还要提到一个人物，在《三国演义》中名声不好的蔡瑁，就是那位将刘备往死里追杀，逼得人家马跃檀溪的蔡瑁，就是诸葛亮老婆的亲舅舅。

说这些八卦干嘛呢？其实也是要印证一点，诸葛夫人是在名士的环境中长大的，名士是天下信息的汇合点，黄姑娘的嫁妆里，自然包括这些信息，阿亮把信息一综合，一篇高智商结晶的《隆中对》就这么问世了。《隆中对》的高明，不只是表现在分析上，也表现在对信息的搜集和处理上，阿亮大部分时间待在隆中耕田读书，要收集天下四方的信息，而诸葛夫人娘家的环境，未尝不是这些信息的来源，当然，这些珍贵的信息也不完全是原始材料，它经过黄姑娘的加工处理，嫁到诸葛亮这边来时，已经起码是半成品。

文章最后，要向诸葛夫人道个歉，左一个“丑女”，右一个“恐龙妹”，很不恭敬，谁说黄家闺女丑？阿亮哥觉得她美如西施呢。

第二章

有时候　爹也很“坑爹”

混得黑，有时候不全是你的错，而是你所处的时代，你所处的家族，甚至你的亲爹，在坑爹……

好爸爸唐太宗为何培养出坏儿子李承乾

如果要咱老百姓举出中国历史上最贤明的君主，唐太宗恐怕是不二人选。既然是贤明君主的职场，就应该与狗血无关，然而，狗血元素不会因贤愚不同而有选择性回避。唐太宗不能把治国的贤明用到父子关系上去，头任太子李承乾从一棵好苗变成一头魔兽，乃至于意图篡逆。李世民因此被史书数落：贤明如此却不了解儿子！

明君李世民也没走出历史的怪圈：父子关系君臣化，乃至陌生化，最后敌我化。问题在哪？我们且从性格角度去试着解读一番，说不定以此解开富一代与富二代的性格之结。

太子李承乾同学素质分析

唐太宗有14个皇子，其中与贤良的长孙皇后生有三子：李承乾，李泰，李治。另外比较重要的皇子有李世民与隋炀帝女儿生的李恪。长孙是皇后，而李承乾又是皇后的长子，理所当然地被立为太子，唐太宗即位那年，8岁的李承乾被立为太子。

从遗传上来说，父亲是李世民，这个素质是没得说的；母亲那一方呢？李承乾的外祖父长孙晟，是隋朝著名的神箭将军，外交家。一箭双雕这个成语就来源于此公的一次箭艺表演。四肢发达，智商如何？当年能只身在突厥挑拨各部落的关系，智商跟箭法一样漂亮。两边的素质加起来，想不优秀都难。故而史上说李承乾机敏聪慧，很善于处理事情。

唯一缺陷：跛子，但仍有行走功能。

优质老师教出“垮掉的一代”

太子教育团师资力量表:

李纲:曾经先后是隋朝太子杨勇、唐朝太子李建成的老师。当年敢于当面顶撞隋文帝。不过有点玄乎,他似乎是太子的灾星,辅佐一个灭一个。

师资鉴定结果:优良。

张玄素:曾经是隋朝的景城户曹,窦建德攻陷景城,要处死张玄素,结果老百姓替他求情:“连张大人这样的清官都要杀,真是没天理。”窦建德释放并重用他。后来归于李世民,曾经直言劝阻李世民在洛阳建乾阳殿,并骂唐太宗跟隋炀帝没区别,反而受到唐太宗奖赏。

师资鉴定结果:优良。

于志宁:曾经是隋臣,当年李渊攻入长安的时候,对他特别礼遇。唐太宗在内殿设宴席,于志宁执拗着不去,唐太宗诚惶诚恐特地给于先生另外加一桌宴席。

师资鉴定结果:优秀。

杜正伦:隋朝仁寿年间,杜正伦、杜正藏、杜正玄三兄弟考取秀才,大家别以为这个秀才是清朝的秀才,哪个村里都有,在隋朝,天下一年才录取十几个秀才,杜家一家就中了三个。

师资鉴定结果:优秀。

孔颖达:32岁时就担任隋朝的太学助教,估计是工程院院长助理之类的。这个职务是击败很多宿儒才得到的,当时有人请刺客要干掉他,幸亏杨玄感及时保护。

师资鉴定结果：优秀。

魏征：此公素质如何，大家都清楚，也就不用麻烦我来翻书了。

雄厚的师资培养出一个什么样的太子呢？结果令人失望。李承乾同学表现恶劣，严重违反太子道德行为准则：

喜好田猎、声色，生活奢靡。

生活作风不正派，搞断背，恋上男歌星称心，唐太宗怒杀称心，李承乾为其画像焚香，垂泪徘徊于画像前。

好吃偷窃。特制一口八尺高的铜炉，一个有六个格子的大锅子，偷来民间的牛马放在锅子里自己亲手烹饪，不论良贱，大家都是兄弟，一起打超级大边炉。

大搞行为艺术，娱乐至死。在东宫搭起帐篷，穿突厥人服装，梳突厥人发型，学突厥人牧羊、宰羊，然后学突厥人葬礼，自己装死去的可汗，躺地上，周围人骑马环绕，痛哭并割破脸皮。然后李承乾忽然跳起说：我要去突厥，我要当突厥人。

拒不接受教育，反而想弑师。雇用刺客刺杀老师于志宁，刺客见于志宁一副忠心耿耿的苦相，不忍下手。雇人打昏老师张玄素。最后于643年图谋造反，被废。总之情节十分恶劣。

太子教育失败检讨书

从李承乾同学的表现来看，既是“行为艺术”，又有点神经质。李承乾同学需要心理医生，而不是大学问家、大思想家、大儒师。面对太子的反人类行为，这群高文化素质的老师们所做的却只是写文章一次次地劝谏。

从史上记载来看，这些劝谏文字的唯一用处就是从唐太宗那里得到奖赏，于太子的心理治疗，毫无裨益。贞观十四年，李承乾同学在宫中击鼓，这行为大概跟在英国皇宫鸣汽车喇叭差不多，张玄素当面劝阻，得到的结果是自己被唐太宗升官。于志宁老师和孔颖达老师也无非是上书劝谏，得到的结果无非是“各赐金一斤，帛五百匹”。老师打小报告打得欢，还能加官晋爵，李承乾心理反而不平衡，越是给你闹点动静出来。

古代有没有心理学专家？有。大家有空去读读汉朝枚乘的名作《七发》。那就是一篇很好的心理治疗文字。楚太子得富贵病，百般治疗不得，吴地的客人用谈话的方式来治疗。其实就是心理医生对病人进行启发式治疗，客人根据情况做出7条诗赋，一条一条诱导、启发，含有大量生动的情景描述，最后棒喝一声，楚太子的病霍然而愈。

这种在西汉时期盛行于南方的心理治疗办法在唐朝是不是失传了？不得而知。反正老师们那么漂亮的文辞，那么正直的品格，用来教育一个青春逆反者，一个神经质者，蛮可笑的。

唐太宗对太子的教育不可谓不尽心。当李承乾的劣行发展到几乎极致的时候，他还是没有放弃，请来重量级人物——魏征，做太子的老师。魏征先生此刻已经病重，推辞此任，唐太宗恳切地说：先生您就卧着呵护我的太子吧。

然而，李承乾最终还是发展到谋反的地步。其实，唐太宗这位做父亲的是要负很大责任的，他的父爱虽然真切，却没到位。

唐太宗早年忙于征战，肯定和李承乾聚少离多，这个不用说。后来唐太宗登基，不过三年，又把十来岁的李承乾抛在东宫。当时太子东宫的西墙和皇宫不过20多步，但父子不能朝夕相处，自然生出隔阂来。

大思想家王夫之认为，皇帝与太子之所以关系紧张，主要是因为皇帝和太子没能住在一起，不能培养亲情，父子关系上下级化。

王夫之认为，皇帝父子应学习上古时候，起居在一起。上古是否如此，也不追究了，但王夫之说得有道理。在孩子成长的过程中，父爱不可缺失。父爱的缺失导致李承乾同学血液中家族劣根性的发展。

深层次原因讨论

我们对比一下李世民父子的性格特质,看看父亲的优点与儿子的缺点是如何对应的。

李世民脾气其实很暴躁。当年和李建成争位时，大臣陈叔达曾对唐高祖说：秦王性格刚烈，你如果不遂他的愿，按照他的脾气恐怕会生出不可预测的病来。不过李世民难能可贵的是能抑制自己的个性，成为纳谏明君。

李承乾血液中也流淌着李世民暴躁的因素，而他又没有李世民那样的历练，所以就任着这种负面性格脱缰一般地发展，李承乾甚至说：“谁敢劝谏我，我杀他几百个，就耳根清净了。”

李世民天性喜欢战斗，当年征战王世充时，战斗很投入，连续作战几个昼夜不寝食，以致身上满是征尘，部下都认不出来，但李世民能够迅速实现角色的转变，从马背上下来治理天下。

李承乾好斗，上不了沙场杀敌就在家中斗殴。

他经常和叔叔李元昌组织家丁在府中练习刺杀，大玩杀人游戏，不从者就捆起来鞭笞，甚至打死。

李世民有点爱作秀，他之所以能名扬千古，固然因为他治国有方，但这里头也有宣传包装因素。史上大量关于他言行的记载，有部分是他刻意操作的。这也不是坏事，毕竟是促使他从善的一种鼓励，表扬也能出好皇帝。

李承乾在这方面也有其父之风。他一方面胡作非为，但当东宫大臣去进谏时，他正襟危坐，装出一副痛心疾首的样子，深刻地检讨，自责，我都反省成这样了，您还好意思管我吗？但一转身又继续做古惑仔。

结语：每一个家族的性格特质不一定能用好和坏来衡量，在良性诱导下就是长处，在恶性诱导下就是短处。李世民一类的创业者所具备的刚烈、热情性情，经过创业环境的历练，能变成优点、长处，而秉承了李家这种性情的李承乾，由于没有创业环境的历练，没有恰当的教育方法，于是朝着暴戾、荒唐、滥情的方向发展。此种现象今日仍值得深思。

自小教育太温良　李治治不了武媚娘

唐太宗请的一帮优秀教师教不好太子李承乾，反而由天使变魔鬼，发展到封建社会最不可饶恕的罪行：谋反篡逆。李承乾自然被废了，接下来的事情，哪怕看过电视剧的人都知道：长孙皇后的第三子李治被立为太子。再接下来的事就是被拍烂了的影视题材：武媚娘上位。今天，咱不重复这些大家知道的事，咱要讲讲大家不知道的事。李治的温良懦弱到底是谁的错？我们教育孩子也不能一味地要求他或者她乖，温顺。

在讲李治的教育前，我先给大家看一封唐太宗在高丽前线写给太子李治的信：

两次收到宫里头的来信，却不见稚奴（李治的小名）你的信，爸爸我担心得连死的心都有了。盼呀盼，不久前终于盼到你的来信，说你的媳妇有点小病，爸爸我高兴得如同死而复生。从如今起，如果你的头风发作，或者有小毛小病，一定要一五一十地写信告诉我。刚刚得到辽东前线的消息，特地COPY一份给你。稚奴啊，爸爸想你想得要死，不知道何时才能回来。

爸爸书

看看这两地书，父子情，还以为是一普通父亲写给平凡儿子的家信。完全不像电视剧里头那些蹩脚的编剧所写：皇儿，朕十分想念你，你要以国事为重，如何如何之类的。信里头唐太宗对自己的称呼就是“耶耶”，相当于今天的爸爸，对太子的称呼就是小名“稚奴”。唐太宗一代英主的慈父面目，跃然纸上。

不错，咱们的李治就是在这种温情的环境下长大的。

唐太宗对这个儿子格外地慈爱，温情，原因很简单，李治这孩子相对于两个哥哥来说要显得可怜些，母亲长孙皇后死的时候，他才7岁，还未成年，谁见犹怜。所以，唐太宗一直把他带在身边，百般呵护疼爱。当时的太子是李承乾，唐太宗也就没打算给李治小朋友委以多少国家社稷的重任，反正江山将来有太子坐，李治只要能平安富贵就行。7岁偏孤的命运决定了李治不必受到接班人式的教育，也决定他一直处在大内，很少见过大场面。一群女性保姆的呵护，总是以慈祥面孔相对的父皇，这一切就是他成长的环境，也养成了李治自小温良"仁孝"的性格。

史书记载："高宗为晋王，以文德皇后最少子，后崩后累年，太宗怜之，不令出阁，至立为太子。"可见，李治一直到立为太子才出来见大世面的。

这还不够，命运还要给他添一个楚楚可怜的妹妹——晋阳公主。

晋阳公主与李治也是一母所生，长孙皇后死时，晋阳公主年龄更小，更楚楚可怜。唐太宗就让李治和这个妹妹一起待在自己身边。李治所能交到的最好朋友肯定也是这个妹妹了。这是个惹人怜爱的好妹妹，能给人带来一泡又一泡眼泪的好妹妹。李治有时候暂时出宫，晋阳公主一定要送到虔化门，涕泪而别。李治有时候换上工作服，和大臣们一起上朝，晋阳公主看着李治换衣，又眼泪涟涟地对唐太宗说："哥哥和大臣同列，是不是以后就不呆在大内，就不跟我在一起了？"一个小女孩子如此说话，其父兄不眼泪直流才怪。晋阳公主楚楚可怜也就罢了，偏偏还要悲情到底：早死，12岁就去了。唐太宗伤心得三十天吃不好饭。相依为命的妹妹早逝，肯定在李治心中留下最遗憾的一角，往后这种情愫就会在王皇后、武媚娘身上体现出来。

这样一位生于深宫，长于妇人之手，根本没做接班人培养的乖乖子，历史却忽然开他的玩笑了。

公元643年，李承乾以一场流产的政变结束了自己荒唐的太子生涯。唐太宗正在为此事伤心、犹豫时，大臣来济说：“愿陛下不失为慈父，太子能终天年。”李世民没有幽禁或处死李承乾，而是将其流放到黔。他本来打算立才华横溢、广有美名的魏王李泰，李泰也就是长孙皇后的第二子。但李泰这哥们酝酿多时，临门一脚却将球踢在门柱上。他对唐太宗说：“父皇您把皇位传给我，等我百年时就杀掉自己的太子，将皇位传给弟弟。”然后又威胁李治说：“你小子经常跟叔叔李汉昌混，现在事发，我看你没好果子吃。”加之李承乾在招供时说，他谋反主要是因为李泰太得宠所逼。要知道，一些上级并不喜欢刻意谋求位置的下属，唐太宗马上想到杨广篡位的教训，他觉得李泰与李承乾是最直接的利害相关人，而李治与两个哥哥都没有直接的利害关系，一旦登基，两个哥哥都可以保存。于是，李治哥们软趴趴地登上太子宝座。

李世民的这一决定显示了他明君的本色，司马光也赞扬说：不以私废公。

消息一出，百官高呼：晋王李治仁孝，万岁。

仁孝，也就是乖乖子，新的皇上是乖乖子，没有派系色彩，谁不喜欢？

既然乖乖子上位了，就不用担心将来会出暴君毁灭江山，但毕竟李治没有作为接班人培养过，把持当时世界上最强大的一个帝国，没有些金刚钻的活是不行的。

但唐太宗的教育没有雪中送炭，反而是锦上添花。

历史上有这么一段佳话：某日，吃饭，太宗对太子说：你要是知道耕种的艰难，就不愁没饭吃。某日，骑马，太宗对太子说：你要是节省马力，就能经常骑它；某日，泛舟，太宗对太子说：水能载舟，亦能覆舟。

以上的教育当然是对的，教育新的接班人要爱惜民力，轻徭薄赋，放到哪个朝代都没错。问题是太子本来就仁孝，这项素质不需要太多的栽培了，唐太宗却还在重复教育，在某一处土壤上反复施肥，另外方面的素质，例如果敢，英武，能断，却不能补上来。

其实孔子在这方面早就有示范。有一次，弟子子路问："听到真理就马上去行动吗?"子曰："有父兄在，怎能轻举妄动?"冉有问："听到真理就马上去行动吗?"子曰："是的。"公西华就不明白了，问孔子，怎么两位同学问同样一个问题，指导却不一样，孔子说："冉有性格谦让，所以要鼓励点；子路性格过急，所以要稍稍压制点。"李治是冉有那种性格的人，唐太宗应该学习孔子，在教育中多给点进取性的因素。

还有三国时的一则案例。蜀国大臣孟光问太子刘睿(阿斗的儿子)的教育，老师郤正说："太子侍奉双亲虔恭，接待大臣仁恕。"孟光不以为然地说："这些都是普通人家的教育，我问的是权略方面的培养。"他的意思是，太子将来要掌国的，不光是恭敬仁义，还要有权谋方略的教育。

唐太宗对李治的教育，就缺乏权谋方略方面的。以至于后来的家业几乎栽在媳妇武则天手里。

当然，站在当今的角度，武则天掌权为大唐的兴盛添下辉煌的一笔，有利于历史进步。但就当时来说，一个公司的老板，居然让媳妇家的家人控制你家的股权，还迫害死你两个儿子，说不过去吧？龚如心的例子就不多讲了。武媚娘重用酷吏，杀害数万与她根本无利害关系的无辜者，这场人道主义灾难是不能用历史的进步来掩盖的。这当中，不得不责备李治的懦弱。

唐太宗死，武媚娘被削发为尼。李治偷偷去尼姑庵看她，武媚娘拿着扫帚，做可怜状。此刻晋阳公主阴魂附体，触动了李治心中最柔软最遗憾的一角，他一定想起了12岁就死去的妹妹，他把这种梦魂牵绕、充满遗憾的亲情挪到武媚娘身上，于是，武则天托晋阳公主的福，回宫了。

阴谋家回家了，都是李治小时候成长环境惹的祸。

当然，李治也不是个没脾气的人。公元664年秋天，武媚娘公然将道士郭行真带入禁城，大搞一些迷信的东西。按当时的道德标准来说，简直是死罪。唐高宗这回暴跳如雷，叫来上官仪商量，上官仪说：皇上，休了她。唐高宗在暴怒中接受了这个建议，命令上官仪草拟休书。武媚娘得到消息，来了，李治却歇火了，还推托说是上官仪教唆的，送了上官仪的命。

这里有一个谜案：为何李治的态度前后如此矛盾。

王夫之这样分析：“至弱之主，必有暴怒。”性情极其懦弱的人，必定有暴风雨般的暴怒。但问题是“怒之易移”，很容易转移消散。王夫之还说：“懦夫之懦也，惟其忿怒偶发而悻悻不能俄顷待也。”懦夫偶尔发怒，但半刻都难以保持。武媚娘趁着他怒火的消散就开始发动攻势。这就要怪他老子唐太宗没教好。李治这种易怒而懦弱的性格不符合高层管理者的要求。唐太宗在世时时时刻刻教导太子要仁义，要恭敬谦让，却没有教会他要坚强，要果断，要坚忍，要保持威怒而不轻易发作。孟子也说要有王者之怒，而不要匹夫之怒，王者一怒而天下安。李治自小那种温情悲情的家庭教育只会培养他的匹夫之怒，而不能培养他的王者之怒，唐太宗也不给他补课，输给他老婆也活该。

结语：我们教育孩子不能一味地要他孔融让梨。要因材施教。如果你的孩子太过于强势，喜欢抢别人的梨子，那我们就要他或者她学孔融让梨；如果你的孩子太弱势，手中的梨子总是被别人抢，那么，你就要教会他保护自己的梨子，学孔融让梨可能适得其反。唐太宗一代英主，不能培养太子的英武、果断，吃的就是这种教训。

唐太宗写给太子李治的信

两度得大内书，不见奴表，耶耶忌欲恒死，少时间忽得奴手书，报娘子患，忧惶一时顿解，欲似死而更生，今日已后，但头风发，信便即报耶耶。若少有疾患，即一一具报。今得辽东消息，录状送，忆奴欲死，不知何计使还具，耶耶，敕。

隋文帝争养孙儿不成多年积怨乃至废太子

公元600年，隋文帝废太子杨勇，在审讯过程中，这位年近六旬的老人居然将太子与他争养第三代的旧事翻出来讲，由此可见他多疑猜忌，好记人过失。这种性格弱点来自于他的完美主义倾向。隋文帝精心治国，树立了典范，却不免产生完美主义倾向，眼睛里容不得沙子。他用完美主义目光去审视周边，觉得沙子越来越多，于是越来越猜疑，产生强迫症，循环下去导致家事国事上的悲剧。这个值得管理人深思。

悲剧根源：完美的江山　完美的家庭

隋文帝是明君，史载隋文帝治国“自强不息，朝夕孜孜”，他一天到晚忙于工作，以至于饮食都是在办公桌上完成，加班加点，经常吃盒饭，工作效率也很高，史书给出这么一张成绩单：“人庶殷繁，帑藏充实。”人口增多，人民富裕，国库充实。史书给出的评价是：“近代之良主。”

有完美的事业，还有貌似完美的家庭。隋文帝只跟皇后独孤氏生育儿子，出现了“五子同母”的和谐局面：老大太子杨勇，老二晋王杨广，老三秦王杨俊，老四蜀王杨秀，老五汉王杨谅。隋文帝为此沾沾自喜，认为五个娃都是同一个车间同一个模子产出来的，实在是古今皇室罕见，以后必定家庭和睦，天下和睦。当然，“五子同母”的大好成绩单下暗含着这位大男人多少的屈辱和心酸。独孤氏不准他碰其他女人，碰谁就杀谁，隋文帝有一回居然离家出走，逃到荒郊痛哭不自由。好不容易等独孤氏死了，隋文帝不顾年老体衰，疯狂补课，宠幸女色。

所以说，隋文帝只是拥有貌似完美的家庭。

事业、家庭双双出佳绩，隋文帝两口子就不免拿着这个模式去要求周围人，尤其是接班人太子杨勇，悲剧由此发生。

第一粒“沙子”：想多疼孙儿都不行

隋文帝夫妇把自身组合的家庭模式照样套到儿子身上，老子娶的独孤氏系出名门，那么儿子娶媳妇也得系出名门，这是封建婚姻游戏规则。于是，指定前朝皇室成员元家的姑娘做太子妃。杨勇却不按照这个游戏规则行事，偏偏宠爱普通人家出身的云家姑娘，而且还让云氏当家，门当户对的元姑娘一直不用，失宠的元氏抑郁久了就闹心脏病，两天便呜呼。

元氏死，云氏扶正，“贱女当家”一直是婆婆独孤氏的心病，有一回她当着其他子女人哭：“想我们百年之后，杨勇登基，你们这些人要给那个贱人下跪行礼，老娘我心都碎了。”

这是杨勇在父母眼里制造的第一粒沙子。接下来，沙子越来越大，越来越刺眼。杨勇扶正云氏也就罢了，还不注意计划生育，跟云氏生了三个儿子，还跟其他女人生了七个儿子。独孤氏很注意生活作风，她把老公抓得紧紧的，觉得应该把儿子也抓得紧紧的，这同父不同母的10个孙子摆在眼前，宣告“五子同母”的优良传统没有发扬光大。

不过，隋文帝夫妇似乎忍受了这几颗“沙子”，忍受的筹码就是云氏给他们生的可爱孙儿长宁王杨俨。隋文帝夫妇对孙儿疼爱无比，经常带进宫来抚养，爷爷奶奶疼孙，这个是没有皇帝庶民之分的。可是，这边厢皇帝爷爷逗孙正欢，那边厢杨勇就遣人敲门催得急：“爹呀，娘呀，俨儿该回家吃饭啦。”不长脑子的杨勇三天两头这么做，一次次把可爱的长宁王从爷爷奶奶手里夺回去。隋文帝就不乐了：这不是把一家人当两家人吗？儿子儿媳不喜欢将下一代塞给爷爷奶奶带，这在民间也是个常见问题，不过，在皇家就不同了，它变成了政治问题。

第二粒“沙子”：由花边想到亡国

隋文帝的节俭是史上出了名的，这是件好事。但太子杨勇作为富二代，生活品质不免要提高点，这也不是坏事，是人之常情。

然而，这也成了隋文帝眼中的“沙子”。某天，隋文帝来到东宫，注意到了太子宫中的铠甲上装饰了花边这个细节，他揪住这条尾巴把太子训了一通：“自古帝王，骄奢而能够长久的，老爹我还没见过，作为接班人，要省着点。”隋文帝觉得言传还不够，于是来一番身教，他把当平民时用的一个味噌盒交给杨勇，让太子记得当年用酱沾菜时的艰苦生活。隋文帝还留了句话：“若记存前事，应知我心。”若记得以前的平民生活，那就了解老爸我的用心了。

隋文帝说的“我心”是什么“心”呢？杨勇不太用心，皇帝爸爸的心思估计也没去揣摩。那么我们来揣摩一下隋文帝的“我心”。

浅析“应知我心”：节俭而不厚道

隋文帝见到太子东宫中铠甲上区区几行花边就不悦，就上纲上线到骄奢亡国的地步，这样的“心”当中交织着几层含义。这几层不是当时的太子杨勇所能猜透的。

第一层含义：仁厚之“心”。

隋文帝是个节约治江山的主。他所主政的开皇年间正是盛世，但国家干部都不穿绫罗绸缎，既然穿的都是粗布衣裳（说得夸张一点），当然也不好意思佩戴金啊玉啊之类的装饰品。首都地区有一年闹灾，当地百姓有吃糠的，隋文帝流着眼泪拿给领导干部们看，自己还戒了一年半载的肉。这个“心”是好心，有利于天下百姓的“心”。这应是隋文帝说此话时的本意。

第二层含义：刻薄之“心”。

隋文帝对自己高标准严要求，对别人也如此。这个也是好“心”，最高管理者的品质普及到全体管理人员身上，才能有一个节约勤俭的氛围。但隋文帝的这种节俭之心缺乏厚道的品质来打基础，不免变成刻薄。史书说他“素无学术，好为小术，不达大体”，一个性情狭隘的人来运用节俭的品质，就不免收发不自如，往消极方向发展，因此隋文帝经常派人拿着财物贿赂官吏，谁接就杀谁。

第三层含义：猜疑之“心”。

本性不厚道的人一旦看到不符合自己道德标准的事物，就会猜疑。铠甲上的一点花边让他不满意，那么以后比花边更大的装饰会让他更不满意，更猜疑，既然太子奢侈，那就是异类，是异类就会跟我有矛盾，有矛盾就会恨我，恨我就会担心我不传位给他，然后就会迫害我夺位……

恶果：“沙子”越来越多 小人趁机蒙蔽

眼睛里容不得沙子，有着完美主义倾向的精明管理者，反而易受骗。因为这种人喜欢表象，表象是可以表演的。于是，史上演技最好的男主角——杨勇的弟弟隋炀帝杨广，登场表演了。

老爸老妈你们喜欢“五子同母”的家庭模式，广儿我可以做给你们看，只和太子妃萧氏住在一起。如果和二奶三奶们来往闹出人命来，就把那些不同母的小生命偷偷给做了，以坚决拥护“五子同母”

的家庭模式。

老爸老妈你们不喜欢生活作风不好的人，我也可以做给你们看。每次隋文帝夫妇上门，杨广事先把美眉们藏起来，只留那些老呀丑呀的女人给他们看。

老爸你喜欢节约，我还是可以做给您看。家里的乐器都铺满了灰，琴弦也不装，您看，广儿我不好声色呢。穿的是布帛，一律不见绫罗绸缎，屏风嘛，拿块粗布充当一下就行。

面对有多疑强迫症的老子，决定兄弟俩命运的只有一个：“装”。会装者昌，不会装者死。

于是，隋文帝看老二杨广，越看越清澈，越纯洁；看老大杨勇，越看眼睛里沙子越多，越不放心。问题越来越多，隋文帝越看越不顺眼，多疑强迫症就发作了。

多疑强迫症的一个症状就是：老是抑制不住地将某种现象想象成潜在的危险，心理上摆脱不了被迫害感。

公元600年的9月，隋文帝从外地回到京师，说：“我刚回到京师，不知道怎么就心中愁苦。”然后他解释说：“我前一阵子拉肚子，和衣而睡，想去后房茅厕都不敢，怕太子下手，只好在前殿设一个临时洗手间。”这个细节最能说明隋文帝的病状。可怜的杨勇，什么都没做，凭空就成了老子眼中的危险人物。

不久，隋文帝又翻出以前的琐碎：“当年，乖孙孙杨俨出生，我和独孤抱在身边抚养，勇儿这个孽子三天两头地催我还人，这分明有了分家的想法。”

这些早年的琐碎正好是多疑强迫症形成的病因。一大堆杂碎积累成大病症，酝酿成政治问题。隋文帝终于废除太子了，在这过程中，病情还在发展。

杨勇宫中的服饰玩具居然也是谋反证据。

杨勇药房里有外伤药艾草，这在隋文帝眼中还了得：这是为发动军事政变而准备的外伤药！从一点紫药水白药想到军用外伤药，隋文帝还真能扯。

杨勇养马千匹，杨勇辩解说：老爸养马万匹，我养马规模达到十分之一也不奇怪。隋文帝却认为：你根本就是养一支骑兵部队想封锁宫门饿死你老子！

隋文帝的多疑症直到临死时才治好，是杨广“逼淫”父妃的禽兽行径“治好”了他，使他清醒地认识到自己对杨勇的一切看法全是出于猜测，不过来不及了，杨广封锁宫门下手了。这是一代雄主的悲剧，悲剧的祸根之一就是他不健全的心理世界。

教训：好品质不规范会有消极后果

有些创业者和高层管理人会认为自身的修养、品质、经验，无疑都是典范，对自己的无疑导致对他人的怀疑。一处不顺眼，就觉得处处不顺眼，这倒方便了那些“演员”。老板喜欢什么，我就演什么，让老板不疑，最后提拔我，杨广就是这样上位的。隋文帝认为只和正室生孩子、节俭治天下是无疑的，放之四海皆准，结果却成了杨广表演的主题。老板的良好品质倒成了下属用来作伪的工具。

由此可看出，优秀的品质如果不科学规划，反而会成为消极的东西。儒家主张用诗书礼乐来节制人的性情，以达到中和人性的效果，使人的品质不往极端发展。人品虽好，也要知道如何修剪节制，才不会走火。

隋文帝偏偏不学无术，他从不读“诗书”，废除学校。没有强大文化作为武装的良好品质，无法收发自如，导致他走向强迫自己多疑的深渊。

秦朝亡于管理制度滞后

无论是正面还是反面，秦帝国都是一个奇迹。正面，它留下了中国最长久最实用的管理遗产：郡县制。朝代像走马灯一样换，共和制取代君主制，但郡县制牢牢地树立在我们的管理制度里，丝毫不动。反面，它留下了中国最深远的管理悲剧：短短15年，它就被推进了历史的焚化炉，化成一缕并不光彩的黑烟，消逝。不像汉、唐这些王朝，会在历史的地平线上留下"夕阳无限好"的惋惜和感叹。

它以管理著称，以管理取胜，最后却因管理而失败。

贾谊的《过秦论》对这种管理悲喜剧作了个总结："仁义不施而攻守之势异也。""仁义"到底是一种什么样的管理？秦朝为什么没有采取这种管理模式？

管理神话：打造过纯法制王国

两千多年前的中国西北，就有过一个比较理想的纯法制国家：秦。

证据：来自一份考察报告，报告名称为《荀子·强国》。

考察者：儒家人物荀子教授，考察时间不详，但可以定位在战国末期。

考察过程描述：歌厅里没有靡靡之音，大街上没有奇装异服，老百姓很顺从管理层，而管理层"肃然莫不恭俭、敦敬、忠信……"进入首都，观察京官们朝九晚五干些啥：早上出家门去上班，下午出办公室回家，其间没有一个在网上炒股聊天的，也没有一个半路跑出去喝茶泡吧的，大家规规矩矩上班。“出于其门，入于公门，出于公门，归于其家，无有私事也。”办事效率如何呢？处理政事听取诉讼等活动，没有任何延滞拖沓的：“百事不留”，部门之间不踢皮球，监狱里没有收押超期的嫌犯。

考察评语1：治之至也。也就是说达到了管理的最高境界。

考察评语2：民有古风，官有公心。最重要的是“公心”，以公为心，就是以国家法令规章为心，不以私人利益为心。

依法唱歌，依法穿衣，依法上班，依法办事，这是一个法制典范。

一个强大的集团，必定是一个管理良好的集团。所以，靠着严格有效的管理，秦统一天下，从秦国变成秦朝。可谓以管理取胜。

六国人早就抗拒秦的制度

不过，对于专家的话，老百姓不一定信。荀子将秦国的管理说得天花乱坠，六国的百姓却不太接受。看下面一个案例。

公元前262年，韩国上党被秦军孤立，上党的老百姓纷纷往赵国跑，却不往秦国去。为什么？因为“不乐为秦”。上党人就不乐意当秦国人。而且天下人都“不乐为秦之日久矣”，也就是说我不想当秦国人已经很久了。你管理好怎么啦？我六国人不稀罕。因为没有人情味，个个要考核，家家要牵连，这样没有人情味的国度，人生有什么乐趣呢？

西北的百姓吃苦耐劳，杜甫说：“况复秦兵耐苦战”，那种整齐划一、严酷无情的管理比较奏效，但移到东方就未必。

这个在统一前就暴露出来的管理的人性化、差异化问题，并没有引起秦国管理者的重视。

从秦始皇到秦二世，一直实行大规模的基础建设，楼堂馆所建设，边防建设，陵墓建设，将天下男子都视为苦力，将天下女子都视为农业生产主力。全天下2000万人口，有400万在修长城，修骊山陵，修阿房宫，或者从事战争。

我们试想一下，那些娇滴滴的中山地区女子，本来是娱乐界超女的不二人选，你却叫她面朝黄土背朝天地去插秧收割；齐国的男子喜欢耍耍剑，正经的时候做点盐生意，你却叫他挽起袖子去搬砖头修长城；再如刘邦哥，就喜欢喝喝酒，泡泡美眉，然后说点大话，你却叫他戴着斗笠，穿着蓑衣去押送苦力。

天下人不喜欢什么，你偏要天下人干什么；天下人喜欢什么，你偏不准天下人干什么，尽让人干不乐意的事。

哪有这样的管理制度？

最拙劣的管理方法就是让大家觉得不自在，不爽，严重违背人的天性，贾谊在《过秦论》里说“仁义不施”。

什么是仁义？就是恰如其分的管理方法，就是具有人性化的管理风格，严格而不严酷，肃穆而不肃杀，过去处于攻的态势，你可以不仁义；现在处于守的管理地位，你不得不仁义。可该仁义了你不仁义，就是管理制度滞后。

管理滞后造成很大的管理问题。

法制过分严苛导致司法腐败

人人说秦施行暴政，暴政后面是一种什么样的心态呢？是一种不自信的管理心态。管理者由于对自己的智慧没有信心，他们会采取一种粗暴的管理办法，这样会省去很多耐心细致而辛苦的工作。秦的管理者顾虑到管理范围扩大，人员更复杂，自己却没有耐心和智慧去打造与实际情况相符合的制度，于是干脆一刀切，一律以严酷的态度来对待，正如樊哙所说："杀人如不能举"，杀人生怕不能杀光。

两次迟到改变秦朝

过分严苛的法制并不能有效地管理，相反的，倒是方便了那些操作法制的官吏，掌握人民生死大权的他们，找到了徇私舞弊的机会。秦朝的法制终于走向腐败的一面。

案例一：项羽的叔父项梁，曾经在栎阳县犯法入狱，但他通过熟人写信，让栎阳县司法官吏司马欣人为地及早结束案件，让自己没事出狱。项梁出狱，又杀人，也没被逮着，带着项羽逃到吴中。

案例二：又是项羽的叔父：项伯。也曾经杀人，结果被张良想办法救出。

从这两桩民间刑事案件来看，嫌疑犯和刑事犯罪分子可通过一封信摆脱司法程序，犯有杀人罪可以逃避惩罚，秦朝的司法也够烂的了。

司法的腐败导致治安恶化，下面的案例最具有说服力。

公元前217年某夜，秦始皇带了四个武士微服私访，在兰池，他们碰到了民间武装，"逢盗兰池"。这帮势力居然让秦始皇"见窘"。一度陷入窘态，可见治安的状况有多么糟糕，而且还是在天子脚下。

在严苛的法之下，项梁、项伯这样的江洋大盗没事，遵纪守法的老百姓却遭殃。往前线服兵役，如果迟到就要处斩。这条管理措施明显不符合统一后的事实。钱穆认为，七国时期，各国地域狭小，限定服役人员短期内赶到边关是现实的，但统一后疆域扩大，再这么限时要求就不现实了。

人对遵守不了的制度和达不到的要求是会反弹的。既然我赶不到，我干脆迟到好了；既然迟到要处死，那我干脆推翻这套管理体制好了。于是，两次著名的迟到事件改写了秦帝国的历史：陈胜吴广迟到，刘邦迟到。

秦始皇或想改　秦二世却跟不上了

嬴政的政治理想到底是什么？他的心态有没有过变化？我们且从碑刻里找蛛丝马迹。

从秦始皇的碑刻看秦始皇的政治理想。

从碑文看，秦始皇还是很有民生观念的。他并不忌讳“仁义”，而且想要老百姓（黔首）富起来，让男人在田里乐呵呵地劳动（男乐其畴），让女人安分守己地纺纱织布（女修其业）。

秦始皇的心态也在变化。公元前211年，使者在华阴收到一块玉璧，还捎上一句话：“祖龙今年死。”祖龙，即秦始皇。剥去这个事件的神话外衣，其实它是民间信息的反馈，民间在诅咒秦始皇快点死。秦始皇并没有像以往那样勃然大怒，搜捕传言人，而是“默然良久”。他似乎在反思。

接下来他进行人生的最后一次巡游，一路上他在想什么？不得而知，但是临死前他做了一个重大决定：“让长子扶苏回来主持丧事。”

这道遗旨，按照赵高推论，就是继承皇位。而长子扶苏当初就是因为反对父亲的暴力路线而贬谪去守长城的，秦始皇的决定，透露出一个重要风向：他希望通过仁义的扶苏改变管理制度。

然而，历史已不给秦帝国易辙的机会。一场阴谋让胡亥登基了，而仁义路线的可能执行人扶苏被害。

国民还是寄托了很大期望给秦二世的。贾谊说：“今秦二世立，天下莫不引领而观其政。”天下人伸长脖子等他改变。然而秦二世对自己很没有信心，他最怕的是百官看见他在管理上的无能。赵高揪住了他的缺点说：“皇上您公开处理政务，万一被臣下看见短处，‘示群臣短也’，岂不是损坏您的威信吗？”秦二世于是干脆做沙漠里的鸵鸟，躲在深宫不见百官。

一个心智都很弱的管理者，当然没有自信心去改变管理方法，只有将原有的严酷管理方法强化下去，“用法益刻深”，让懦弱无能的自己保持一种神秘感、肃杀感，他这样才有安全感。这个时候的秦二世，其实已经患上自闭症。

一个患有自闭症的管理者，连员工都不敢见，这家公司还能发展到哪里去？当然是破产崩溃。

赵高是秦二世的心理催眠师

职场需要强大的心理，帝国皇帝这个职场更如此。如果实在天分不帮忙，那就需要一个心理催眠师，而这个催眠师的角色，往往需要奸臣来扮演。

说说秦二世吧，他统治一个强大的王朝，却没有强大的心灵；他管理一个辽阔的帝国，却没有辽阔的胸怀。他的心智与他的事业不成正比。这样懦弱的老板就需要一个进行心理催眠的CEO，于是赵高应运而生，赵高就是秦二世的心理催眠大师。不过，赵高老师的心理催眠，诱发的不是积极潜能，而是消极潜能，一直把秦二世催眠到完蛋，把秦帝国催眠到崩溃。

首次病象：想做快乐永动机

公元前209年，夏，四月，刚接手秦帝国的胡亥巡视了一番东部地区，回到京城，按常规程序，他作了一番讲话。

然而，讲话内容没有按常规程序来，这位帝国的新管理者既没有总结巡视，也没有宣讲新的工作管理计划，却大讲与工作无关，纯粹的私人感受：人生苦短啦，短得如同六驾马车越过一道空隙的那一瞬间，为了对得起这短暂的人生，我决定要放纵我的视听享受，让快乐无休无止地充满我的人生，行吗？

“欲悉耳目之所好，穷心志之所乐，以终吾年寿，可乎？”

总结起来就是：我的人生要成为快乐永动机。

把脉病象：执著于追求快乐的人，一定是不容易快乐的人。反复强调要快乐的人，一定是缺少快乐的人。胡亥报告中反复提到要快乐的人生，那么，他一定是欲快乐而不得。是什么让胡亥欲快乐而不得？坐上了秦帝国老板的位置，为什么还不快乐？

很简单，因为他觉得自己不配。

不配的原因大家都知道，位置本来应该是大哥扶苏的，他胡亥却被赵高的翻云覆雨手推上历史的前台。心灵脆弱的他觉得自己不配，不配感带来不踏实感，不踏实感带来不快乐感，所以他如饥似渴地要追求快乐，以狂欢的人生态度来掩埋不配的自卑感。

赵高的催眠治疗：老板您说得对，追求享乐的人生观才是历代圣君追求的正确人生观，我支持您，您就是最好的，您就是最棒的，不过，要达到最好，最棒，还得努力。

被催眠的胡亥问：该怎么努力？

赵高进一步催眠：老板您只要去掉一些东西，您就快乐了。您的兄弟姐妹们，以及您父亲的老部下，都觉得您不配坐这个位置（赵高厉害，说中了胡亥的心病），“诸公子及大臣皆疑焉”。您只要去掉他们，您就达到快乐的境界了。

催眠后果：赵高此次心理催眠的最大诱惑就是终极快乐，达到快乐的途径是消除不配感，胡亥内心深处恶的潜质就会被激发出来。于是，被催眠的胡亥真的去掉了自己十二个兄弟、十个姐妹的生命，以此换取一种踏实的快乐感。

第二次病象：拒听不快乐的真实信息

一个主管人以偏执的态度来追求快乐，必然会牺牲下属的快乐。秦二世的滥杀没有真正地消除不配感，带来快乐感，却让陈胜和吴广不快乐了，让张耳、陈余、项羽、范增、刘邦、张良这些豪杰不快乐了，让全天下人都不快乐了，于是“争杀长吏以应涉”。

一个人的快乐怎能抵挡得了全天下人的不快乐？但秦二世还是顽固地沉迷于自闭的快乐状态中，既然事实上不可能维持了，那么也要在虚幻的气氛中维持下去。这就得拜托那些报告消息的使者了。只要把消息情报描述得好听一点，还是可以开心的。因此，秦二世对那些真实而不中听的消息很是忌讳。起初使者将帝国东部地区发生反政府暴乱的情况如实汇报上来时，“二世怒”，将使者交给有关部门处理：“下之吏。”

把脉病象：此时的秦二世自闭在自己设定的快乐氛围中，对不利于自己快乐的信心极其敏感和排斥。他的内心是封敛关闭的。

赵高的催眠：乖，我的好圣上，您放心吧，东方的鸡鸣狗盗之徒，成不了什么气候。“关东盗无能为也。”一些学乖了的使者也学着催眠：皇上，那群偷鸡摸狗的家伙早就被地方官收拾了，“不足忧也”。

催眠结果：秦二世听了，心情只有一个字：悦。这种心理催眠加固了秦二世自闭而不愿意面对现实的心态。这种催眠有如我们常人的做法就是：乖，孩子，宝宝，没事的，没事的，好啦，乖，不哭。胡亥就是在这样的催眠中，觉得“天下无贼”。

第三次病象：不敢与“员工”见面

到公元前208年，胡亥的自闭心理还在赵高编织的童话里继续发展。

历史记录者认为这个时候的赵高为独自控制局面，于是将胡亥请离公众场合，深居宫中，这个说法合情合理，然而吊诡的是，秦二世居然配合了这种显而易见的阴谋，为什么？

把脉病象：是局势的糜烂一度冲击了胡亥的迷梦，义军周文的十万大军一度逼近函谷关，震动了正在童话里数肥皂泡的胡亥，胡亥同学的自信心似乎受到致命冲击，他可能认为自己实在不具备控制局面的才能，这种不可控感动摇了他的管理信心，他决定沉浸到更封闭更自闭的快乐中去，不见那些可能会笑话他的文武百官。

赵高催眠：皇上，您是贵人啦，但如果万一在朝堂上公开处理事务显出那么点不成熟不干练，您在全国人民心目中的形象岂不大打折扣？陛下不如“深拱禁中”，“如此则大臣不敢奏疑事，天下称圣主矣”。

催眠结果：秦二世内心深处那种自闭、羞涩、怕出洋相的劣根性全部被激发出来了，他于是学沙漠里的鸵鸟，一头扎进隐瞒真相的沙子里，他回避所有的手下，所有的矛盾和问题，“不坐朝廷见大臣”。

最荒唐的催眠课：指鹿为马

指鹿为马，大家都以为这次颠倒黑白的活动，是赵高树立自己的生杀权威而策划的。其实在我看来，在震慑百官的后面，是他对二世的一次心理催眠。

教学工具是一头鹿，教学理念是：你说鹿是马，鹿便是马。进而发展下去：你说天下太平，便天下太平，你说天下无贼，天下便无贼。“指鹿为马”便是一道魔咒，它不能改变现状，但能安慰心灵，就如同抱着一个受惊吓的孩子，反复地安慰：“没事啦，没事啦，地震没有啦，妈妈把地震赶走啦，那不是地震，是房子在跳舞而已……”

最无辜的催眠师：李斯

秦二世喜欢这种心理催眠，这让他能回避问题，掩埋问题，获得快乐。老板喜欢这种催眠，倒霉的是下属，大家都要学心理催眠，不然就不能立足。最心酸的是李斯，一代英豪，秦帝国统一的头号功臣，面对这个自闭心理的老板，居然也要扮演催眠师的角色，有一次居然也上书说：作为贤主，就是要自己极度享乐，对别人极度苛责，抛掉仁义道德这样的歪理邪说，让老百姓时时陷入改正错误防止错误的紧张状态中，那么您的地位就稳固了。

连管理精英都不得不加入对老板进行催眠的队伍时，这家公司离完蛋也不远了。

后来，李斯实在撇不下职业良心，几次打搅正在自闭中快乐着的胡亥，向他指出问题的严重性，于是李斯的死期到了。让讲清醒话的人没有好下场，这家公司自然也没好下场。秦朝毁灭在梦醒时分，胡亥也死在梦醒时分。事态的发展胜于苍白的催眠，秦二世终于梦醒，刘邦大军逼近咸阳的事实治好了胡亥的自闭，他责怪左右为何不早点提醒他，左右说若早日提醒您，我就活不到今日。

赵高见患者病愈，已经不受自己的催眠控制，于是在望夷宫干掉了患者。一场催眠悲剧收尾，一场管理悲剧收尾，秦帝国也悲剧收尾了。

结语：秦帝国的悲剧是管理悲剧，而管理悲剧源于管理人心态的悲剧。贾谊的《过秦论》责怪秦二世为何不改弦更张，实行“仁义”管理，其实是秦二世这位管理者的心态没有改过来。他不敢面对复杂的管理形势，只好装自闭，在自闭中寻找快乐。

害怕现实、忌讳现实的管理者最容易被小人钻空子，为何？因为小人是天生的心理大师，是天生的心理催眠大师，小人能令你快乐，而这种快乐，很可能是置你于死地的自闭式快乐童话！

坑爹的狡兔三窟

高枕无忧是职场的最高境界，也是世俗人生追求的至高境界，而这个境界的最佳代言人当数战国时期的孟尝君，因为这个成语就是他的真实写照。

然而，有一个冷酷的事实不得不给大家提醒一下：孟尝君所营造的窟却在他死后不久一个个都覆灭了，他的地盘不用等秦国来收拾，就被诸侯瓜分一光。

问题到底出在哪里？

狡兔的三窟

除了大本营齐国，孟尝君还在封地收买人心、在邻国做高官。冯谖作为孟尝君的三千门客之一，很会搞策划。他自弹自唱，闹着要吃鱼，要座驾，要养家，通过三闹引起了孟尝君对他的注意，接着替孟尝君搞策划。他首先在孟尝君的封地——薛，免除债务人的一切债务、贷款，连本带息一概付诸烟火，等于与当中民众解除了债权债务关系，债约没了，人心来了，薛地人民百分百拥护孟尝君，为孟尝君挖了一个坚固的洞。这是第一窟。

若干年后，齐滑王想做齐国真正的老大，一山难容二虎，齐滑王将孟尝君这尊大神请出朝廷，安置到薛地去了，将其边缘化。冯谖又利用孟尝君的国际威望搞了一次大策划。他跑到魏惠王那里，说服他启用孟尝君做国相。

其实，不用说服，魏惠王也会这样做的。因为孟尝君在齐国拥有大量的政治军事经济资源，以及深厚的人脉关系，聘用孟尝君为国相，等于挖走齐国大量的政治经济军事资源。这是第二窟。

然而，最大的窟应该在大本营——齐国。冯谖利用魏国，使贬值的孟尝君在齐国也升值了，齐湣王为了防止本国的战略力量流失，不得不又用国相的位置挽留孟尝君。这是第三窟。

最后，冯谖又对第一窟——薛地，采取了加固措施。他劝孟尝君将齐王赐予的礼器，放在薛地立起宗庙，供奉起来。这个等于将国家的重器作为“人质”，让有心吞并薛地的齐王投鼠忌器。然后，冯谖对孟尝君说：老大，你可以高枕无忧了。然而，孟尝君真的高枕无忧了吗？

孟尝君窘境：在诸侯包围当中立足

三窟给孟尝君带来的现实利益就是：终其一生，孟尝君在齐国都没有纤芥之祸。然而，孟尝君在后半生却面临着几乎无处可去，勉强立足的窘境。这样一种窘境，在史书中是有披露的。

不该攻打自己祖国

齐湣王是当时国际上一位军事上政治上的野心家，打了楚国打魏国，打了魏国打赵国，打了赵国打韩国，还灭了宋国，最后的理想是做天子。诸侯俱乐部的成员一看不行，得压制这种霸权主义的苗头，于是在燕国的带领下组织联军。“诸侯害齐王之骄暴，皆争合谋与燕伐齐。”联军总司令是燕国的乐毅。公元前284年，乐毅总司令率领燕、赵、魏、秦组成的联军，一口气攻克齐国70多座城市。齐湣王做了什么就承受什么，身死鼓里这个地方。

在齐国几乎被灭亡的过程中，作为齐国重量级人物的孟尝君在干些什么呢？他在组织抵抗吗？他在强烈抗议对自己祖国的侵略吗？不是，让人失望的是，此时在魏国当国相的孟尝君，居然率领部队参与了对自己祖国的侵略行动。

齐国一时间似乎灭亡了，只剩下莒和即墨这两座孤城，联军成员国忙着分红，孟尝君却陷入一个尴尬：没有了祖国，你往哪里去？齐国这个最大的窟没有了，没法子，只好立足在薛这个最小的窟。孟尝君作为贵族，是很强大的，但是一旦独立成一个国家，一个诸侯，那就很弱小了。史载孟尝君的困境就是“孟尝君中立为诸侯，无所属”。没有了归属，没有了联合力量，这么一个孤立的地盘是没有安全性可言的。

孟尝君在世时，还可以凭借自己的人脉和威望维持一阵，但已经很狼狈了，他撒手去后，薛地这块肥肉马上被诸侯瓜分，孟尝君家族断了香火。

悲剧根源：捣毁自己本窟——祖国

孟尝君是位贤君子，具有很大的号召力。然而，他的一切经营行为都立足于一个点上：经营自己的地盘，他的个人荣辱与自己的本国——齐国，毫无关系，甚至是相矛盾的。

站在巨人肩上还自以为老大

他没有意识到自己的崇高地位是齐国给予他的。孟尝君之所以站得比其他人高，是因为他站在齐国这个巨人的肩膀上。总之，他还真把自己当老大了。

正因为他没看到自己立足的基石，所以他过于钻营自己的小本营，而忽略了自己的大本营。司马光说：“君子之养士，以为民也。”老大养着那么多人，是为人民服务的。孟尝君却不然，他养着一帮鸡鸣狗盗之徒，却只是立私党，博取虚誉。司马光说他“奸人之雄也”。司马光是站在君主集中制的立场批评他的。我们且离开儒家的立场，作为一个齐国的公民去看他，他做了什么呢？无非是派人去收租放债，今天在秦国当国相，明天在魏国做客卿，四处发表演说，做代言人，拿高薪，岂止是狡兔三窟，简直是四窟、五窟、六窟……兔子洞多了也不是好事，没有一个坚固的。

苏秦张仪如此则可，他们是平民，在战国时代，谁重用他们谁就是祖国。孟尝君则不然，本来就是齐国的宗亲，也就是说是当家人之一，你当家的不爱家，到处去钻洞，完全不务正业嘛。尤其不应该的是，居然参与灭亡自己祖国的行动。这等于是兔子吃了窝边草，撤除自己的安全屏障，实在看不出“高枕无忧”的效应。

侠义信陵君始终不叛国

战国四大公子里面，我觉得境界最高的当属魏国公子无忌——信陵君。他也广纳门客，但他收集门客的目的不是为私，而是为了捍卫自己的国家，抗击暴秦。总之，信陵君是一个纯粹的公子，一个高尚的公子，一个摒弃了低级趣味的公子，这样的公子才是真正的公子。

关于信陵君窃虎符救赵国的故事，大家都知道，这里不重复。信陵君窃兵符，违背了军事法，魏国是回不去了，他躲在另一个窟里：赵国。日子还挺快活。公元前247年，秦将蒙骜率师伐魏，魏军连连丧师失地。魏王向信陵君求救。

面对祖国的召唤，信陵君不是没有思想斗争，不是没有犹豫，但谋士薛公和毛公给他摆明了厉害：公子你之所以能有这么高的地位，因为有魏国这个巨人垫底。如果此番秦国捣毁你的老窝，你马上就贬值了，你“当何面目立天下乎”？信陵君立马率师进行了伟大的卫国战争，击退秦兵。

信陵君到此，为自己的人生添上了最完美的一笔。所以一直到汉朝司马迁时期，民间都还在祭祀这位奇公子。而同是公子的孟尝君，落得个香火断绝的凄凉下场。真可谓泰山鸿毛之分。

结语：狡兔三窟历来被视为万全之策，殊不知窟不是愈多愈好，窟也有主窟次窟之分。一个社会，大家都只为自己的几个窟奔波，四面钻洞，钻得多了，众人所赖以脱身的大本营：主窟，却坍塌了。

成全孟尝君的，正是败坏孟尝君的。

第三章

励志之外　要会哭会闹会炒作

成功固然要励志，可有时候也得学学小市民，甚至学泼妇，在关键的时候，来关键的一出闹剧。

没有人能正儿八经成功。

韩愈是怎么闹着升官的

前职场时代是读书时代，就算考个牛津哈佛也不能定调。后职场时代是退休阶段，虽然说夕阳发余热，但你在人们心目中的成就还是定格在退休前的职位上。混到发讣告时，上面还要印着生前的职场位置。

如果在一个位置上待上十年，却无升迁迹象，眼看着自己老得头发白、牙齿落，咋办？且看唐代韩愈的职场突围术。

职场困惑

十年不得升迁

韩愈进入职场前就不顺，19岁开始参加进士考试，连考三次，失败三次，到第四届才考上，按照现在的说法是复读三届。考上进士了，好呀。别急，进士还只是一个干部身份，要戴个乌纱帽，吏部那里还有一拨考试。韩愈同学又是连考三次，失败三次。考不上就找关系，给宰相写信，连写三封，封封无回音。写信不行，咱就登门。登门三次，次次吃闭门羹。此路不通，还是继续考试吧。顶着个光杆进士的身份一直熬到32岁，才通过吏部的选拔考试，好歹是个正式干部，正式进入职场了。

总不升职 身体变衰

别急，豆腐还热着呢，性急是吃不了的。初入职场更加郁闷。34岁时，韩愈被任命为国子监四门博士，这是个干部，却不是官，是大唐帝国高等院校的老师，搞理论工作和上课的。中间下过地方，闹过矛盾，到四十来岁，还是被调回学校教书，一眨眼45岁了，还在这个位置上待着。

45岁在当时是什么概念？在这个年龄，韩愈的头发已经白了，牙齿一颗一颗掉落，衰象阻都阻不住。那时候医疗条件不发达，虽然大家吃的都是无污染食品，可是在四五十岁这个年纪上死的人一大把。唐太宗那么好的生活条件，也就活了52岁。

心怀壮志的韩愈教授，还在天天夹着讲义去给学生上课混饭吃。说不定哪天挂了，他的职场位置就定格在国子监博士这个框框里了。压力大呀，得想法子了。

职场突围：一起精心策划的教学事件

这是唐元和八年，也就是公元813年的某一个清晨。国子监的同学们做完早操，吃完早饭，开始集中受训。

业精于勤荒于嬉

韩愈教授正儿八经训话了，他首先说了一句格言：业精于勤荒于嬉，行成于思毁于随。接着就开始给大家鼓气：同学们，你们碰上了好时代，咱们政府生怕各位毕业找不到工作，只要大家有一技之长，政府就会想方设法给你安排一个位置，所以你们要努力，只担心自己学不到真本事，而不要担心政府看不到你的真本事。听明白了吗？

按往常的理解，学生们接下来应该就是一声“明白”，立正稍息，解散，上课。那天的气氛却有些诡异。程序有点乱，不按常规进行。

戏剧性的一幕上演了。忽然人群中有一个学生对韩教授的训话嗤之以鼻。

他居然嘲笑韩老师:“得了吧，韩教授，您就甭忽悠同学们了(原文是:先生欺余哉!)。跟您学习研究这么多年了，您那点事情我们还不清楚吗?老师您嘴巴里念念叨叨儒家经典没消停过，两只手哆哆嗦嗦翻阅诸子百家没歇过。凡是我大唐帝国优秀文化的纲要和奥妙您都进行了总结，晚上见您的房间里灯光没熄过呢，您做学问可真不是一般的勤奋。您又不遗余力地批判歪理邪说，弘扬我儒家正气，在思想理论战线上可谓力挽狂澜，您在捍卫儒家主流方面可谓不辞辛劳。您又富有文采，自古至今各个大家的功力都被您的吸功大法给吸收了，文章写得又性感又奔放，可以说是我们大唐帝国一位伟大的文学家、思想家、革命家。您年少时勇敢有为，如今举止得体，谦虚谨慎。老师您的素质是没得说了。可是您这样的高素质却没让您混上高位置。您瞧瞧您现在的处境，在单位，领导不喜欢你，在家里，朋友不理睬你。老婆挨饿，儿女挨冻。韩教授，你可别生气，打个不恰当的比喻，您就是一头大尾巴狼，往前走，就踩着自己下巴，往后走，就踩着自己的尾巴，进退都不容易。可怜您人还不到50岁，头顶秃了，牙齿缺了，一副狼狈样。您还好意思教训我们吗?”

这番话的意思就是:先生您的训话没有说服力，您的遭遇没有说服力，在职场上做得好不等于混得好。

事件分析

借别人嘴巴发自己牢骚

很常规的一场先生训话，却让一个学生的毒舌给搅黄了。读书都读到中央太学的地步了，素质那是相当的高，文采逻辑没得说，句句中的，字字穿心，将先生的矛和盾摆在了光天化日之下。

不过，我们静下心来细细分析，却发现这番毒舌之言，里头奥妙大得很。好，让我们暂停一下这场闹剧，再回放一下现场录音，进行取证分析。

录音回放：老师您嘴巴里念念叨叨儒家经典没消停过，两只手哆哆嗦嗦翻阅诸子百家没歇过。凡是我大唐帝国优秀文化的纲要和奥妙您都进行了总结，晚上见您的房间里灯光没熄过呢，您做学问可真不是一般的勤奋。

取证分析：这几句话是给先生的研究定调，在理论高度上对几千年来的文化进行了总结，总结文化，谁做的工作？是圣人做的工作，言下之意就是我们韩教授是圣人。

录音回放：您又不遗余力地批判歪理邪说，弘扬我儒家正气，在思想理论战线上可谓力挽狂澜，您在捍卫儒家主流方面可谓不辞辛劳。

取证分析：言下之意就是韩教授敢于斗争，坚决捍卫儒家文化的正统性，是大唐帝国文化工作上的思想家、革命家、理论家。

录音回放：您又富有文采，自古至今各个大家的功力都被您的吸功大法给吸收了，文章写得又性感又奔放。

取证分析：好了，在思想家、理论家、革命家的基础上再加一个文学家的头衔，和鲁迅先生有得一拼。

录音回放：老婆挨饿，儿女挨冻。韩教授，你可别生气，打个不恰当的比喻，您就是一头大尾巴狼，往前走，就踩着自己下巴，往后走，就踩着自己的尾巴，进退都不容易。头顶秃了，牙齿缺了，一副狼狈样。原文就是："跋前踬后，动辄得咎。"

取证分析：前后听起来，我们也该明白意思了。不是先生忽悠我们，而是朝廷在忽悠先生，在忽悠我们，先生如此伟大，却得到如此惨淡的待遇，公平吗？

总结：以上这番话分明就是喊冤发牢骚嘛，怎么听起来都应该是韩教授自己说出来的，却从一个不相干的学生口中发出来。我们得揪揪根源。

韩愈回驳

低调表态　很知足没有怨言

韩愈先生训话被这么搅了一通，该怎么应答呢？他很低调地发表了一番讲话："同学，你过来，听我说。高明的工匠建房，楠木也用，废柴也用；高明的医生治病，泻药也用，人参也用；高明的宰相治国，愚才也用，贤才也用。你们的韩老师就是废柴，就是泻药，就是愚才。可是我这样无德无能的家伙还月月有工资发，不种地有饭吃，不织布有衣穿，好歹也是国家工作人员。能力这么差，可老板不解雇我，还给我发工资。我在同事面前吃点白眼，下放一两次，那是我应该的。"

总之就是：我对政府，对组织，对老板，没意见，我知足。这话，又是一番讲究。你替我抱怨，如果跟着应和只会有失朝廷教员风范，我迂回一枪，用谦虚谨慎的姿态发表讲话，表明我个人并不介意。这样好啊，牢骚的话我没讲，却让大家听到了，可又没失风度。

这是一起精心策划的教学事件。可能在某一次课后，或者在晚自习后，韩愈教授将一个死党学生叫出来，吩咐明天早上训话时你就如此如此照着我的话去做。至于牢骚的话，先生我已经准备好了，你找个没人的地方好好记熟了。

当然，以上是我本人杜撰的，但通过这次对话引起上头人事部门对他职位的重视，那是没错的。

事件后续

当年就得到提拔　并干得很好

太学是朝廷的文化机构、舆论阵地，喊句话，上头的人还是听得到的。果然，没过多久，韩愈老师被提拔了：当年就从高校调出来，去给朝廷修史。别小看修史，这在当时是要害部门，相关工作是宰相主持的。在工作过程中和宰相一个饭堂用餐，寒暄几句还是有机会的。第二年，又当考工郎中，专门负责文武官员的绩效考评，是个有实权的职务。到第三年，当了中书舍人，专门负责给皇帝写圣旨，起草文件，这下就能参与中央机密事务了。

发了牢骚得到提拔，还得让上头的人觉得提拔你是多么的正确。韩愈老师不负众望，干了几票好业务。

发牢骚后的第四年，朝廷委任裴度平定淮西叛军，韩愈任参谋长，在此次胜利的军事行动中出谋划策，韩老师不只会教书，还会打仗。

发牢骚后的第六年，勇敢地上书皇帝劝谏迎佛骨事件，被下放潮州，又在短期内横扫一切害人虫——鳄鱼，并开启当地的文化事业。

发牢骚后的第八年，韩愈老师升为大唐帝国副国防部长（兵部侍郎），后来单枪匹马深入镇州叛军军营内，面对一帮赳赳武夫的刀枪，痛斥叛军首领，维护了中央政府的尊严。

职场启发

人在职场，身不由己。既然入了这个场子，用淡泊名利来掩盖自己长期得不到提拔的事实是没用的。如果长期上不去，你又不方便发牢骚，咋办？文学家韩愈这个法子似乎可以一用。

孤军突围不如借师突围

你可以让周围的人替你发牢骚，替你说话。怎么替你说话？你自己要干得确实不错，而且人缘也好，让大家都替你不值，久而久之，这些情绪总会传到老板那里去。有些话，别人说总比自己说好。

突围之后要有佳绩

提拔后就要真的干几票好业务，让老板觉得以前没有提拔你真的是一个错误，而千万不能让老板觉得现在提拔你是一个多么大的错误。

突围之后另辟战场

在提拔后，要干得出色还有一个法子。

你以前没有得到重视，可能是你的工作性质不容易引起重视。例如韩愈从事的是理论教学工作，在乱世的中唐难以引起重视和喝彩。那么你可以另辟蹊径，做另一件能出彩的业务。

韩愈借鳄鱼向中央喊话

公元819年6月25日，酷夏，台风之前的酷。潮州，恶溪边一块高地上。场面：高地上人山人海，有荷锄挑担的，有执刀弯弓的，人群以一张供桌为核心，簇拥着。供桌上，一羊，一猪，香火缭绕。站在供桌前的，是一位穿官服的老者，白发稀疏，牙齿稀疏，皱纹却不稀疏，他手拿一纸文书，面对恶溪，等着。

恶溪中，也有一个群体在等着。那是一群名叫鳄鱼的大型两栖爬行动物，充满杀机的琥珀色眼睛在水波中眨呀眨。

等什么？鳄鱼们在等羊和猪，老者却在等着给鳄鱼们念文章。武士将羊和猪哗啦一声推入恶溪后，老者打开文章，朗诵："维某年、某月、某日，潮州刺史韩愈……"原来是韩愈先生！韩愈文章写得好，但鳄鱼们不一定这么认为，那些抑扬顿挫的腔调在它们听起来不一定比河水的哗啦声动听。可将近1200年前的那个潮州的酷夏，韩愈坚持要用自己美妙的文辞来和这群"冥顽"沟通，为什么？有什么用意？

表面信号：用行政级别恫吓鳄鱼

韩愈自元和十四年被贬到潮州当刺史，从北纬33度左右南下到北纬23度左右，所谓的"夕贬潮州路八千"。低纬度地区的气温很炎热，还有一个比气温更热的问题：鳄鱼为害。

公元9世纪的潮州多鳄鱼，"鳄鱼之涵淹卵育于此"，大量的鳄鱼在此生育栖息，据记载："恶溪有鳄鱼，食民产且尽。"给当地人民的畜牧业饲养业造成了巨大的损失。既然是一方父母官，就得为一方除害。早前他也在诗里头信誓旦旦地说："欲为圣明除弊事。"然后，具体如何"除弊事"呢？这鳄鱼力大皮糙牙利，据韩愈的文章，它们连熊都能吃。且人家是水族，能隐身沼泽，你进我退，你退我进，在21世纪的现代化香港，抓住一条逃逸的鳄鱼都尚费周折，何况9世纪的潮州？

现实手段不行，只好借助咒语。而祭文，就是文学化的咒语。这种方式在当时是合法的，韩愈当然不能免俗。于是，他写了这篇"除弊事"的《祭鳄鱼文》。

这篇似乎带有神奇驱赶功效的祭文，使用了什么特殊手段呢？手段实在不特殊，用的无非是行政级别。"今天子嗣唐位，神圣慈武。四海之外，六合之内，皆抚而有之。"听好了，天下都是我们老大的，包括你们藏身的恶溪。接着呢，又祭出自己的行政级别："刺史、县令之所治……鳄鱼其不可与刺史杂处此土也。"听好啦，你们不能跟我这个受老大委派来的刺史同处一地。既然不能同处，那就你滚蛋，滚哪里去？去潮州南部的大海好了，那里"虾蟹"多了去。什么时候滚？三日；三日不能，就五日；五日不能就七日；七日就是极限，再不走，那就"操强弓毒矢"陪你们玩到底。

处处提到天子刺史

手段无非就是"天子"、"刺史"、"强弓毒矢"，换用现代的一句话就是"总统"、"州长"加"导弹"。有这么赶鳄鱼的吗？《古文观止》的选编者吴楚材一语道破玄机："处处提出'天子'、'刺史'去压服它。"

这些人类范畴内的行政级别，对于鳄鱼哥鳄鱼姐来说，都是浮云。韩愈干嘛放出这些浮云来？

内在信号一：向天下喊话　我还很倔

我们来破译这些浮云。韩愈老师放出这些狠话来，其实根本就不是念给鳄鱼听的，而是念给人听的。

早在写《祭鳄鱼文》半年前，韩愈曾在京城发过一番狠话。那一年，唐宪宗兴师动众迎接佛骨舍利，百姓们甚至烧伤自己身体作为供养。以儒家传承人自居的韩老师感到极度的不安，他无法容忍“异端”思想威胁儒家思想的主流地位。

差点被杀头

韩老师这位52岁的愤青上书皇帝，居然放出这样的狠话：“乞以此骨付之有司，投诸水火，永绝根本，断天下之疑。”翻译出来就是说：将此物交给有关部门，扔水里头和火里头灭了，不要再蛊惑天下人。这篇愤青书就是有名的《论佛骨表》。当时的宪宗皇帝勃然大怒，要拿韩老师的头，幸亏韩老师朝中有人，名相裴度求情，才下放潮州了事。

几乎死过一回的韩老师不应该发狠话了。不过，一看《祭鳄鱼文》，就晓得韩老师还有那么股狠劲。在朝中，誓死捍卫儒家思想的统治地位，不遗余力地驱除“异端”（当然，这个异端是从韩老师的角度而言）；在潮州，誓死捍卫人民群众的生命财产安全，不遗余力地驱除“害虫”。对“异端”，要投到水火里头消灭；对“害虫”，要用“强弓毒矢”伺候。

韩老师放出这番狠话来，那时没有网络，远隔十个纬度的长安能听到吗？放心好了，那时候的读书人就是一个大网络。文坛红人韩老师发话了，马上有读书人一路传到长安去。早前韩愈下放到广东阳山时，读书人前来请教的，挤破门槛，可见读书人确实有一个独立的网络系统，这个系统就是用责任感、使命感维系起来的。

内在信号二：得朝廷认可　早回京城

鳄鱼听不懂，但天下人听得懂。细看《祭鳄鱼文》，发现韩老师处处将“天子”和“刺史”放在一块写，处处将“长安”和“潮州”放在一块写，无非就是表明，我是跟老大站在同一个立场的，我是替当今老大驱赶“丑类”的。这篇文章写于6月25日，我们再结合韩老师在此前3个月写给宪宗皇帝的一封信《潮州刺史谢上表》，可以更好地破译其中的密码。

在这封信中，韩愈提出来想调回京城的想法，至于回城后如何安置，他也想好了，替皇帝祭祀泰山写文章：“东巡泰山，奏功皇天。”

深层动机：韩愈爱潮州吗？

韩愈为什么那么急迫地想回京城？他热爱潮州吗？宋朝的苏轼也为这个问题纠结过，在他的《潮州韩文公庙碑》中说韩愈在潮州“不能一岁而归”，不到一年就回去了，似乎不留恋潮州。

对这个问题，首先，要理解韩愈当时的处境。当时的韩老师，52岁了，“发白齿落”，他并不适应当地的热带气候：“毒雾瘴氛，日夕发作。”从人道主义出发，我们是可以理解他的调动请求的。

当时的宪宗皇帝收到韩愈的信，也很恻然，曾说出贬韩愈的原因：他也知道韩愈是一片忠心，但韩老师不应该骂他短命，《论佛骨表》里论说佛教传入中国前的皇帝都很长命，信佛的皇帝大多短命，这不是骂他短命吗？

然而，韩老师了不起的地方就在于：归心似箭并不妨碍他为潮州人民办实事。他在潮州不过八个多月，就为潮州的文化事业打好了万世的基业，苏轼说“潮人未知学”，是韩愈命赵德作为老师，普及儒家文化，为潮州印下了一枚灿烂的文化徽章。还有驱赶“害虫”鳄鱼，兴修水利……

8个月时间很短，可做的事情却可以很多。

所以，苏轼替韩愈辩解说：“水在地中，无所往而不在也。”韩老师为民服务的精神如同泉水，在哪里都可以随时冒出来，在长安一样，在潮州也一样。就这么8个月，潮州人民感恩韩老师已超过上千个8个月，“一片江山尽姓韩”。

疑点：鳄鱼是怎么赶走的？

有资料记载，韩老师念完祭文后，当天晚上，发生热带风暴，不几天，鳄鱼栖息之处干涸，不得不向西边迁徙60里，“自是潮州无鳄鱼患”。这话能信吗？苏轼是相信的，他赞美韩愈“能驯鳄鱼之暴”。这话不靠谱，韩老师又不是驯兽员。我个人觉得应该是用“惊扰法”奏效的。

一则动物节目曾揭示过，美国一些沼泽地带发生鳄鱼袭击人类的事件，当地就请来专业人员用现代手段袭扰鳄鱼，使它们有所忌惮而放弃吃人的嗜好。估计韩老师动用“强弓毒矢”不时在恶溪一带袭扰鳄鱼，鳄鱼受到惊吓和骚扰，下意识地渐渐收敛，远离人居地带。

结语：韩愈在政治上不得志，甚至面临“毒雾瘴氛”的死亡威胁，却能在潮州大有作为，什么使然？使命感使然！韩老师官不大，但使命感大，自己是一届匹夫，却心忧天下匹夫匹妇。苏轼赞扬说：

“匹夫而为百世师。”非帝非王，却可做百世的圣师。

中国传统知识分子那种近乎顽固的使命感，如今越发稀薄。然而，决定人在职场的成就大小和有无的，还是在于使命感，做百世的圣师，那太吃力，但如果你能在你的办公室，匹夫而为“办公室师”，由此扩而大志，匹夫而为“公司师”、“学校师”、“单位师”，那么，你的成就，谁也挡不住。

《祭鳄鱼文》精彩片段

今与鳄鱼约：尽三日，其率丑类南徙于海，以避天子之命吏；三日不能，至五日；五日不能，至七日；七日不能，是终不肯徙也。是不有刺史、听从其言也；不然，则是鳄鱼冥顽不灵，刺史虽有言，不闻不知也。

夫傲天子之命吏，不听其言，不徙以避之，与冥顽不灵而为民物害者，皆可杀。刺史则选材技吏民，操强弓毒矢，以与鳄鱼从事，必尽杀乃止。其无悔！

译文：鳄鱼朋友们，与你们约好：三天时间，率你们的同类向南迁海里去，离领导远点；三天不行就五天，五天不行就七天；七天还不挪窝，那就是你们存心不走。就是你们目中无刺史，不肯听招呼；要么就是你们智商有问题，虽然有言在先，但还是不理解。

凡对长官傲慢无礼，不听招呼，不肯迁移，顽固坚持反动立场，残害牲畜的都该处死。本官就要挑选有才干有技能的干部和群众，操起强弓，安上毒箭，来跟你们玩到底，不消灭干净不罢手。别后悔啊！

卖炭翁其实是位维权勇士

社会上很多大问题往往源于一个小脸色，在处理事情的时候脸色好一点，公道一点，可以避免许多滔天大祸。作为基层“小兵小吏”，你的脸色在百姓眼中便是国家和政府的脸色。脸色好一点，不只是给领导省麻烦，更是给百姓和社会省麻烦。

这也让我想起白居易笔下的卖炭翁，可怜的老人家，一车炭几乎被打白条了。那么，史上的卖炭翁遭遇了怎样的脸色，他又回之以怎样的脸色？且看《资治通鉴》。

诗歌中的卖炭翁

劳动成果被强占只能忍气吞声

记得是在初一语文课本接触到卖炭翁的。老人家在终南山伐薪烧炭，几乎把自己都烧成了炭：十指黑黑，一脸烟火色。赚钱不费力，费力不赚钱，这么辛苦劳作，无非是为了“身上衣裳口中食”，吃穿支出几乎占收入的百分百，恩格尔系数高。这么一项艰难的生计，却还担负着极大的风险。

且说那日天寒，夜来一尺雪，气温的下降导致燃料市场的旺盛，卖炭翁眼前的市场前景如同眼前的雪景一样喜人，于是赶车入城，正在长安市场南门外歇着，对市场前景作憧憬呢，不料非市场因素来了：来了两个宫中的采办，用行政手段将卖炭翁的产品拉走。一千多斤货真价实的燃料拉走了，采办们支付的是什么呢？货币现付？刷卡？都不是，而是半匹红纱和一丈白绫，连白条都不如，白条至少还有个许诺，有兑现的可能，这个就是以超低价格强买，永远没有物得所值的可能了。

卖炭翁后来如何？饿死了？冻死了？这是件揪心的事情，这种揪心一直揪到我翻开《资治通鉴》第235卷。

历史上的卖炭翁

奋起反抗 站着把公道赚了

那还是唐朝贞元年间，具体时间无法确定，因为已经找不到当时长安政府派出所的记录了。

某日，有个农夫用驴子负了一担柴去长安城里卖。诗歌中的运输工具是牛，这里是驴；诗歌中卖的是炭，这里卖的是柴。不管是驴子是牛，是炭还是柴，反正讲的是用牲口拉着燃料去卖。

这位倒霉的唐朝农民大哥，碰上宫中采办了。采办就是宫中的太监，他们掏出几尺破败的绢，一些用染料染红的破布，当做货币要买下这一车燃料。农民大哥不收，一来因为这样的交换太不公平，太难看了，他不愿意承认交易的合法性；二来他可能权当是自认倒霉，这一车柴就算是白送了。这种态度其实是一种鄙视和无奈的交织，但这两位跋扈惯了的采办，没有意识到卖家的无奈和鄙视，他们还是按照往常敲诈的常规，要这位农民付进宫的运输费，也就是采办的“脚力钱”，亲自将自己的牲口送到宫里去。

被人欺负到这种地步，卖柴哥开始伤心地哭泣，他自认倒霉，情愿把所得的绢还给宫廷采办，就是不愿意往宫里送货。估计这货一送进去，驴子也没了。

没心没肝的采办们把人往死里逼，竟然提出要卖柴哥留下驴子，卖柴哥终于咆哮：“我上有老下有小，靠着这头驴子拉点货赚钱养家糊口。把柴白送你们还不行，还要拉我的驴子，我拼死算了。”鄙视和无奈化成怒火，卖柴哥变成愤怒哥，愤怒哥变成拳头哥，照着采办一顿狠揍。冲突惊动了首都治安部队金吾军的下属——街吏，大概相当于如今的派出所吧，街吏将双方扣留起来。但事态没有停留在治安层面，而是一直闹到朝廷那里，当时的徐州节度使张建封到京城觐见天子，也在报告中反映了这个问题。

还好，有关部门还能执政为民，罢黜了枉法的采办，宫中诏书下来，还了卖柴哥的驴子，还赐予卖柴哥十匹绢。这十匹绢大概是个什么价？得换算一下。

卖柴哥交易所得估算

卖柴哥起初所得

几尺绢，满打满算也就是十尺。

唐朝时一车柴或者一车炭的价格如何，没法去查当年物价部门的数据资料，但是从卖柴哥不情愿接受买方所付价钱，以及怒气冲冲的反应来看，几尺绢的买价已经突破了卖家的心理防线和生存底线。然后还要赔上一头运输工具，亏大了。

卖柴哥最终所得

交还运输工具不说，还得到10匹绢。一匹相当于四丈，一丈相当于十尺，十匹=四十丈=四百尺。相当于原来交易价格的40倍。据说一匹绢相当于200文到300文钱，那么卖柴哥得到的货币应该是2000文到3000文钱，这价钱当中我想更多的含有国家给予卖方个人的精神损失赔偿。

白居易为何不写卖炭翁的反抗

卖柴哥的故事发生在唐德宗年间，大概是公元797年，而白居易写作《卖炭翁》的时间比这个稍晚十来年，公元809年，已是唐宪宗年间。个别人物和事件不是完全合一的，但关键因素都能对上号。主人公是制作并贩卖燃料，且自有运输工具的农民；事件是燃料卖价被严重打折，形同抢劫；反映的时代背景，唐朝“宫市”的野蛮采办行为。按照白居易的说法就是：苦宫市也。“卖炭”与“卖柴”，“赶牛”与“赶驴”，“几尺绢”与“半匹红纱”，性质是一样的。

史录不同于诗歌

至于为何史书上的卖炭翁那般金刚怒目，那是因为史书是记录，说不定还是抽取当时派出所的一段记录呢。派出所的记录不是诗，而是笔录和口供，为何打架，打得怎样，怎样处理，各方面都不能遗漏。到白居易笔下就是诗了，诗歌主观性相对强一些，只写卖炭翁的可怜和采办的跋扈，至于肢体冲突嘛，不利于引起大众和朝廷的同情，咱就不写了。

既有自己流泪的卖炭翁，也有让别人流血的卖柴哥，他们合起来，就是一个丰满而真实的群体。

结语：可见无论是什么样的历史时代，无论是什么意识形态的国家，它们治下的一些行政执法机构在维护社会稳定、关爱弱势群体方面，都是可以有所作为的。这种作为并不受时代局限性的约束。不公平的事，无处不有，无时不有，古时候要解决，现在也要解决；东半球要解决，西半球也要解决。不是说只等着实行什么制度来解决这个问题。最要紧的是先要培养作风好素质过硬的基层“小吏”，螺丝钉一般维系着公正这台机器的运转。

卖炭翁事件原记录

选自《资治通鉴》第235卷

尝有农夫以驴负柴，宦者称宫市取之，与绢数尺，又就索门户，仍邀驴送柴至内。农夫啼泣，以所得绢与之，不肯受，曰："须得尔驴。"农夫曰："我有父母妻子，待此然后食。今以柴与汝，不取直而归，汝尚不肯，我有死而已。"遂殴宦者。街吏擒以闻，诏黜宦者，赐农夫绢十匹。

齐国以茅草操控国际金价

黄金是怎么来的？当然是挖出来的，冶炼出来的，这是生产手段。然而，更重要的是在流通阶段，南非是世界上最大的黄金生产国，却不是世界上最富裕的国家，而美国似乎只要多印刷一些纸质的钞票，就能换来黄金。这到底是美国太厉害？还是其他国家太不争气？

美国的这个本事，公元前的齐国就有，连印钞票都省了，人家齐桓公，天生天养的一根草也能换黄金。

一根草引发战争？

公元前656年春季，《春秋》上说是鲁僖公四年，中国大地上即将爆发一场大规模的南北战争。以齐国为首，成员国包括鲁、宋、陈、卫、郑、曹的北方联盟军，大张旗鼓南下，讨伐南方第一大国：楚国。一路上战车连绵，尘土滚滚，盟军前锋逼近楚国的战略要地河南偃师的一处险要山地：陉。

齐楚风马牛不相及

当时的盟军总司令是春秋五霸之首的齐桓公，总参谋长是齐国国相管仲。

看着这阵势，南部的楚国心里有点发虚，派了使者去盟军阵营做解释工作。楚国使者装成很无辜的样子问："大哥，您窝在北海，我窝在南海（君处北海，寡人处南海），风马牛不相及的两个国家，没怨没仇的，打我干吗呀？”

盟军的总参谋长管仲接见了南方代表，义正词严地讲出了一大堆战争理由，从齐国的国家使命，讲到几百年前的恩恩怨怨，反正一条：你们楚国就是活该挨揍。齐国是当时的超级大国，专家教授满街走，要编几个打仗的理由，不难，编出来也挺顺耳的。不过，我们的管仲总参谋长却说了一句天雷滚滚的话：“你们楚国恶意扣押自己国家的特产物资茅草，造成特有原材料短缺，阴谋破坏联合国的祭神仪式，弄得联合国周朝每次举行祭神大典的时候，没法过滤酒水（尔贡包茅不入，王祭不共，无以缩酒），国际威信一落千丈，咱们盟军今天来，就是要愤怒地向你们讨回茅草，以让我们伟大的周天子能够顺利地举行祭神仪式。”

我估计当时的南方代表被管仲的话雷焦了，在他的回答陈词中就有这么一番话：“哥呀，不就是为了一根草吗？你们这么兴师动众的犯得着吗？行，赶明儿我们政府动员几个人去长江边、淮水边摘一捆给你们送过去，不就成了吗？”

后来，惮于国际舆论和楚国的险峻地形，南北双方没有开战，齐楚两国签个和约就完事了。不过，这场战争却可能会哄抬一种商品的物价——白茅草。

齐国这么个超级大国，缺啥呀？干吗大老远地来讨一根茅草呢？把它捧得跟稀土似的。

这里先得介绍一下这种植物的功用。这种草本植物，生长在长江和淮河之间，是南方的物产，专家考据说，可能就是今天所说的白茅。其外形特点据说就是叶子上面，有三条脊梗直贯到根部。对于植物学的探讨，意义不大，反正大家明白一点：就是草而已，江淮之间随手可得。齐国为它兴师动众甚至作为战争理由，为啥呢？

这种普通的草，在春秋时代据说可以通神。周朝王室祭祀神灵，非得要以白茅为工具。祭神祭祖先要有酒，但是怎么才能让神仙喝上酒呢？总不能像《西游记》一样，神仙们踩着祥云下来喝酒吧。总得有个中介工具。白茅草就是这种中介工具。把酒淋到茅草上面，酒渗过茅草叶，然后洒落到地上或者神坛上，经过这一过滤后，就当是神仙和祖先喝过酒了。

这么一道程序，让白茅这种“无人知道，没有花香没有树高”的草，身价百倍。宗教意义上的身价，导致经济意义上的身价抬高，以至于差点成为周朝南北开火的借口。

借着一根草，做政治军事上的炒作，做经济上的炒作，齐国的炒作功夫，算是做到家了。

齐国善于炒作

奇迹：一捆草一百两黄金？

齐桓公时期炒作白茅草，还不止上面一回。周朝混到春秋时代，面临一个财政上的难题：经费不足。各诸侯国对会费也爱交不交的。

偏偏那个时候挑起重担的是齐国，齐国总统小白（齐桓公）精心包装了一个树立自己品牌的口号：尊王攘夷。攘夷不难，加强军事力量，拳头狠一点，狠狠揍几个小无赖国家就行；尊王不容易啊，大家都爱欠周朝俱乐部的会费，真金白银的事，总不至于我齐国替兄弟国家垫付吧？也不至于开着战车去催会费吧？

小白总统正为这事愁着，国务卿管仲出主意了：“这个容易，江淮一带有种草本植物学名叫茅草。我们请联合国老大周朝天子，派维和部队将这一块地段暂时控制起来，然后向俱乐部发布消息：周朝联合国要去泰山举办联大祭神会议，要参加会议的，自个带垫子来坐，会场不备凳。这垫子有讲究，必须是用江淮之间的特产茅草织成的，进入会场前要严格检查垫子，不是我们要求的货，敬请离场，开除会员资格（必抱菁茅一束以为禅籍，不如令者不得从）。”

管仲这一招损呀，周朝当时虽然弱了，但手里拿着会员证的发放权，收了你的会员证，让你当国际孤儿，你哭去吧。此令一出，成员国纷纷派人去江淮间取茅草织垫子。赶到茅草产地时，周朝的维和部队早在那里候着。要取茅草，行，拿黄金来。既然天下人都来取，价格也该贵点，一捆茅草就一百两黄金吧（其贾一束百金）。这简直是直接开抢呀。

茅草比黄金还贵，三天之内，天下的黄金向周天子手里集中，赚得钵满盆满，周王朝居然七年不用收会费（周天子七年不求贺献）。

炒作纪念品攫取黄金

管仲不仅炒茅草，连石头也能炒，炒出金灿灿的黄金来。某年，齐国小白总统哭穷：“我想攒点钱去交会费，有法子吗？”国务卿管仲想出一个石头变金子的主意：“我们在阴里这地方搞个大工程，建个摩天大楼，这楼呀，三重门，九道城门。这是天下第一城，品牌打出去了，然后赶紧地雕刻第一城的纪念品石璧，按着尺寸卖，一尺的卖一万钱，八寸的卖八千钱，七寸的卖七千钱，以此类推制定销售价。然后和周王室串通好，让天下诸侯去周朝纪念堂观礼，规定：凡是参观者必须得佩戴我们齐国生产的石璧。”

观礼是一场程序，石璧是这场程序必不可少的软件，软件权由周天子和齐国联手操作，赚钱的事，周朝天子干吗不答应？于是，一场观礼，几块没有多少附加值的石璧，将天下黄金纷纷向生产石璧的齐国集中。齐国政府手里有了黄金，国内八年免税（天下财物流而之齐，故国八岁而无籍），超市里的商品物价便宜得要命，让广大第三世界饱受CPI煎熬的兄弟国家人民眼红得要命。

探源：掌控国际经济命脉

读到这里，不禁要犯疑：天下诸侯你当都是傻子吗？一根草一块石头任由齐国去炒作，任由自己手里的黄金流到别人家里去。总得有点苦衷吧，总有点东西被把握在人家手里吧。

控制国际物价　比生产还重要

管仲是位具有国际战略眼光的经济专家，他为齐国制定的经济政策，不只是取得贸易顺差而已，而是把别人的经济命脉掐住。

为此，以农为本的治国思想在他眼里只是个单纯的臆想而已。

齐桓公有一回提出自己的管理思路："以农为本，节约开支，行吗？"管仲毫不客气地否决了："不行，多打粮食无非使经济状况好一点而已，若不善于管理，粮食流入他国，我们得不到收益反而受控于他国。有本事控制国际物价去。国际物价低迷时，我们偏要抬高它；国际上忽视某种商品时，我们偏要重视它；国际上某种商品供过于求时，我们偏要囤积让它供不应求（天下下，我高；天下轻，我重；天下多，我寡），如此，我们才可以牵着国际市场的鼻子走。"

怎样才能牵着国际市场的鼻子走呢？就看你手里有什么货，这点货，国际市场少不了它，但你千万不要贱卖了它当人情，博取所谓的国际美名，而是要把它的效益炒作到最大值，把人家的黄金吸过来。

有一回，齐国小白总统问管仲："楚国产黄金，我国产盐，燕国也产盐，你说这经济格局该怎么利用？"管仲说："资源多了是好事，但管理利用不好，再好的资源也要变贱，我有个法子，能把楚国的黄金变到我这边来，咱们齐国的男子不耕种就有饭吃，咱们齐国的女子不用织布就有衣穿。”

到底是啥法子呢？在管仲的撺掇下，小白总统下令集中全国力量砍柴煮海制盐，一面烧制一面储存，从头一年的十月到第二年的正月，国库里储存了三万六千钟食用盐；与此同时，用行政命令禁止沿海居民私自制盐，杜绝政府以外的民间生产食盐行为，集中一切生产优势，坐地逼着盐价上涨。

不久，盐价上涨十倍。这些高价盐卖到哪里去呢？肯定不能留在国内消费，让老百姓吃高价盐这种坑爹的活不能做，要坑人家的爹，把它们放到国际市场上去。对于魏国、赵国、宋国、卫国这些国家而言，盐是战略物资，又要消耗，又要储存，没它的话，全国人民都会浮肿，用盐量尤其大（国无盐则肿，守圉之国，用盐独甚）。

利用盐业资源　壮大金融财力

齐国的高价盐流入以上这些把盐看做亲爹的国家，一下子换来11000斤黄金。小白总统拿着这些黄金储备问管仲：“接下来咋办？”

管仲又出了一个主意：凡是来纳贡的缴税的，都得用黄金，不是黄金我不收，乖乖，手里的黄金价格因此而往上蹿。我运用金价上涨而形成的强大经济势力，调控国际物价，控制物资流动（运金之重以衡万物），这才是真正运用了资源优势和技术优势，没有浪费齐国海滨盛产海盐的天然优势。

结语：落后就要挨打，这是军事法则；不会利用资源优势和技术优势，就要挨宰，这是经济法则。不挨打了，不等于不挨宰了。

齐桓公、管仲时的齐国在扩大常规部队、壮大军事力量的同时，还会运用各种交易法则、金融法则，使自家的资源优势能取得最大的经济效应，从而取得黄金优势，在这个基础上，再制定国际经济法则，自己随便炒作一根草、一块石头，都能大把地赚黄金。坑人家的爹，养自己的爹，这才叫本事。

注：本文资料源于《左传》与《管子》。《管子》中许多观点并非史上齐国国相管仲所有，往往是战国时候的思想家附加上去的，但至少证明我国两千多年前，已经具有国际市场意识。

春秋时如何界定无赖国家

战国时外交官的职场状态如何？这得看当时的国际生态——当时的国与国之间的生态是：行动上不讲道理，但口头上一定得讲道理，让人觉得被打击对象是个人神共愤的混蛋，不打都对不起全世界善良的人民。

这就是战时外交辞令。

外交辞令不是愤怒谴责一下就可以敷衍的官样文章，它包含着对国际间关系洞若观火的了解，对交战双方军民心理丝丝入扣的把握，还要有高超的文学手段，用最恰当的辞藻、句式抹黑对手，同时自己装无辜，可谓集政治学、经济学、军事学、心理学和文学于一体。

外交辞令似乎没有随着人类文明的进展而进展，近2600年前的一纸外交辞令，至今仍让人难以望其项背。且翻开《吕相绝秦》来看看。

公元前578年的夏天，农历4月5日，晋国外交官吕相来到了秦国国都，代表本国领导人晋厉公，向秦国领导人秦桓公递交了一份文书。

在外交文书的背后，是一个巨大的组合军事集团。以晋厉公为统帅，包括齐、宋、卫、鲁、郑、曹、邾、滕在内的多国部队，正在秦的边境地区——麻隧，大规模集结，战车已经排列成最佳的进攻阵势。不过，春秋时代是个讲究风度的时代，不像后人干事那么赤裸裸，而国际纷争的风度全在那一纸外交辞令上，外交辞令漂亮了，能为军事行动增色不少。

外交官吕相交上去的那份外交文书，那是写得相当地漂亮，很有文采地抹黑对手，将对手塑造成“无赖国家”，同时把自己塑造得好傻好天真。以下则以晋国的语气将外交宣战书再演绎一遍。

将自己的白眼狼历史轻轻抹去

“回顾过去，秦晋两国有着相当长的蜜月期，两位前国家领导人晋献公与秦穆公，建立了良好的私交关系，两国人民齐心协力，坚守盟约，我们不仅是兄弟之邦，也是婚姻之邦，贵国是敝国的女婿，敝国也是贵国的女婿，两国努力缔造了一个相对和平的国际环境。

“其间，我国总统晋献公不幸逝世，国内局势发生了微小的波折，两位继承人重耳和夷吾均流亡海外。贵国领导人秦穆公本着秦晋友好的原则，为稳定我国国内局势，将夷吾送回我国继承领导人职位。然而，秦穆公先生又不能始终贯彻秦晋友好的原则，好事不能做到底，不能为两国友好建立更大的功勋（又不能成大勋），于是有了韩原战役这样不愉快的军事摩擦（而为韩之师），之后，秦穆公先生为自己的鲁莽而后悔（悔于厥心），知错就改，将重耳先生送回我国继承大位，稳定了局势。秦晋两国的交往回到了正常的轨道。”

谣言粉碎机：这一段是整个文书中唯一正面的文辞，但已为抹黑对方埋下伏笔。秦穆公“不能成大勋”是怎么回事？为何不做交代？嘿嘿，因为这是晋国历史上最大的污点，没法交代。

在吕相下战书之前70多年，即公元前647年，晋国粮食短缺，秦穆公本着无私的国际主义精神，不顾民意的反对，也不顾晋国毁约在前，动员全国热爱和平的人民，动用一切水上船只，大量向晋国输送食品，运输船队绵延秦晋两地的河流，史称“泛舟之役”。不过，吃了也就消化了，消化了也就忘了，第二年，秦国食品短缺，向晋国买粮，晋惠公倒是干脆：没门。

愤怒的秦国人民为了维护两国的友好关系，在韩原狠狠教训了忘恩负义的晋国政府，并且俘虏了晋惠公，经过批评教育后，本着平等民主的国际交往原则，又将其释放回国。

对于这样的大恩德，吕相的外交书上半个字也不提，连“为帮我国渡过难关，提供了力所能及的帮助”这样的字眼都没有。秦穆公真是冤大了，一船船的米，加上自己垫付的运费、人工费，还不能买回晋国的一枚友好勋章。

点评：外交书设定秦穆公好事不能做到底，即反复无常，这是抹黑的开始，秦国的无赖形象完成第一步。

110 把自己打扮得好傻好天真

“我们国家前领导人重耳，为了延续两国的友谊，他老人家以60多岁的高龄，不远万里，克服重重险阻（跋履山川，逾越险阻），率领广大的第三世界兄弟国家，一起来服从贵国的领导（而朝诸秦）。就在此期间，国际小野心家——郑国，居然冒犯了我们的友好邻邦秦国，重耳先生马上率领兄弟国家来维护贵国的领土完整，和贵国一起准备狠狠教训郑国这个国际小野心家。

“然而，贵国擅自与我们共同的敌人私自订立盟约，率先撤离战场。广大的兄弟国家悲愤不已，强烈要求在重耳总统的领导下，和贵国拼老命（将致命于秦），然而，重耳先生顾全大局，忍辱负重，给各同盟国做了耐心细致的劝说工作（文公恐惧，绥静诸侯），才平息了一场即将爆发的军事冲突，让贵国能安然无恙地撤离，这是我国对贵国莫大的恩德。”

谣言粉碎机：晋国什么时候带领兄弟国家认秦国做老大？无图无真相。倒是晋文公称霸，周天子赐了他一块清水煮白肉，老人家激动得不顾关节松动，亲自跪拜的事情，却是有图有真相的。

郑国和秦国之间隔着一个偌大的晋国，怎么就侵犯到秦国的疆土了？难道当中间的晋国是透明的？所谓的多国同盟讨伐郑国，从来就没发生过，当时参与军事行动的也就秦晋两国而已。真实情况是，秦穆公与郑国的烛之武达成协议，首先撤军，晋国的军事指挥官子犯请求出击，被晋文公制止。

子虚乌有的多国部队被晋国的刀笔搬到了竹简或布帛上，真的当小说读好了！

点评：子虚乌有塑造出一群国际盟友，还刻画出盟友的情绪，虚构敌人在国际上的孤立形象，秦国的无赖形象完成第二步。晋文公则又傻又天真，无怨无悔给秦国打工，遭到遗弃还不吱声。

编：秦国继续当无赖
装：晋国继续又傻又天真

“不久，我们的前总统晋文公逝世，贵国不顾我国人民的感受，擅自出兵侵略郑国，将战火燃烧到我国境内的崤山，武装袭击我保城地区，企图吞并我国。我国当时的新任领导人晋襄公，为维护两国间长久以来的友好关系，同时为捍卫本国主权，很不情愿地出师崤山，与贵国有了军事摩擦。在双方交火后，我们的晋襄公仍然坦诚地请求得到秦穆公的原谅（犹愿赦罪于穆公），但是这样的诚意没有得到贵国的理解，贵国在国际上联手楚国封杀我生存空间。感谢楚成王英年早逝，贵国的阴谋才没有得逞。

“两国领导人穆公、襄公相继逝世，贵国的康公，是我国的外甥

（康公我之自出）。然而，事实证明秦康公先生不是好外甥，他完全罔顾小时候外婆给他吃的蛋糕和糖果，屡屡企图削弱我国政府，率领我国的反对派军事进攻我国疆土，因此两国发生令狐战役。此后，秦康公先生不思悔改，多次武装袭击我国的羁马、涑水等地区，制造边境冲突，掳掠我方文职官员（俘我王官，剪我羁马），大肆制造恐怖事件。由此引发的两国外交断绝，完全要由你方负责。”

谣言粉碎机：秦穆公出于侥幸，偷偷越过晋国偷袭郑国是实，但也不至于想一举灭亡晋国，傻子都知道，偌大一个晋国，不是一次偷袭能吃完的。

翻开军事记录，也找不到保城、羁马、涑水战役，无图无真相，古人也说这些战役“经传无见”。至于令狐战役，秦国也冤得很。

当时秦晋两国达成了政权交接协议，晋国派使者去秦国接公子雍回国继承王位，秦国也出兵护送，结果晋国半路变卦，不承认公子雍，秦兵辛辛苦苦送人到晋国边境，水还没喝上一口，盒饭还没打开，晋国却不接货，迎头一顿痛打。

点评：虚构一些武装恐怖事件，将对方的形象往死里败坏，往死里踩。

自己继续一脸无辜，崤山一战，晋国消灭秦国一支远征集团军，赚大了，晋襄公做梦都在笑，哪里顾得上去请穆公原谅？

继续装无辜　我不想打　但弟兄们不答应

“到贵国现任总统上任，我国政府欢欣鼓舞，伸长脖子等待贵国恢复友好路线（我君景公引领西望）。然而，贵国政府死不悔改，利用我国正被戎狄欺负的时机，入我边境，杀我人民，抢我庄稼，又不珍惜和平机会，屡次不参加和谈，半路上折回空军一号专机，爽约回国，还喜欢和我们的兄弟国家搞小动作，离间我国与友好国家的关系。到如今，广大的兄弟国家对你们的流氓行径义愤填膺，一个个感到痛心疾首，纷纷亲近我国（斯是痛心疾首，昵就寡人），要教训贵国的无赖行径。我国实在迫不得已组成多国部队，你要是再不乖，我也没办法抑制兄弟国家的愤怒情绪，也无法说服他们撤军（其不能以诸侯退），你看着办吧。”

谣言粉碎机：秦桓公登基，晋国政府欢欣鼓舞，不管真不真，权当是句客气话吧。至于晋国说自己被戎狄欺负，实在是要被天打雷劈的话，史上记载是晋国吞并戎狄。

点评：话说到这个份上，意思就是，这百年来，一直是你们秦国的强横史，是我们晋国的屈辱史。本来秦国也不是那么无辜，做过好些对不起晋国的事，但经不起这份小说版外交书的塑造，秦国完全被无赖国的阴影罩定，所有一切都是你秦国的错。晋国铁定要发动战争的嘴脸已经暴露无遗。接下来，打吧……

第四章

几千年未道破的成败经验

成功学其实也是洗脑学，但在活生生的古代职场，更不用说现代，洗脑的成功学不管用，因为，现实很复杂，你不只是需要英雄的高贵，也得学市民的狡猾和农民的血性。

秦桧与岳飞的货币战争

大宋一忠哥：岳飞；大宋一奸哥：秦桧。其实，从忠奸的角度分析历史，太情绪化，太文学化。忠臣和奸臣都有他们的职场，忠奸斗争是他们的职场交集。我们来看看岳飞秦桧的职场交集，交集在货币上——

奸臣的职场：秦桧借理发解决钱荒难题

南宋初期的京城，忽然发生钱荒。不知道是南宋王朝的央行提高了存款准备金率，还是战争形势吃紧使然，市面上忽然流动性匮乏，各大钱庄资金头寸开始吃紧。钱庄的伙计们都背负着沉重的纳储任务。说不定还出现存款送礼、存款返现等手段。

一个偏安的王朝，被货币苦恼着。

怎样增大货币流量，把现金给逼出来？这个难题不是军事奇才岳飞所能解决的，任务落到了内阁首相秦桧的肩上。秦桧是奸臣，奸臣也是能臣，起码看上去是能臣。秦桧可能运用了大量符合金融学原则的举措，然而收效甚微。某日，秦首相摸摸头上发，哎呀，长了，也白了，白发三千尺，只为货币愁。该理发了。

借理发师传金融消息

内阁大院里有理发厅，秦桧叫来一个理发师帮自己打理头发，剪刀声里，秦首相还在思索着货币。理发师也纳闷：领导在思量什么烦心事呢？打理完毕，秦桧的眉头舒展开来，他看着理发师，似乎是在黑暗中看见启明星，然后，亲手拿出一张五钱的货币给理发师。当时理发时价是两钱。理发师正忙着找钱，秦首相慈祥地一笑："不用找啦。"理发师正要谢，秦首相又低声说："师傅啊，知道我为啥不叫你找钱吗?"消息来了！理发师竖起耳朵听。

秦桧于是发布最新货币消息："千万不要对外头说，宫里传出密旨来，我们现在用的货币，过几天就不用了，还不如早点用出去。"

一场最新货币动态新闻发布会就在理发厅完成了。信息的第一个接受者——理发师，成了秦内阁在民间的消息发布人，他立即将秦内阁的意思传达给自己的"刀下客"，"刀下客"们又传给"桌上客"，"桌上客"传给坊间老友：最新消息，据秦内阁理发厅消息人士透露，现行货币不日内将实行大更换，大家有钱快用啊。

于是，现钱如火山爆发一般喷向市面，现金流爆炸式地增大。

钱荒解决了，奸臣秦桧奸奸地笑了。

探源：大宋王朝的"货币战争"

以上消息来源于南宋张端义的"博客"《贵耳集》，可靠性不敢断定。但是，整个北宋南宋王朝缺现钱，倒是不争的事实，秦桧也肯定面临过这种金融难题。

货币战争一：围剿铁钱的战争

公元971年，大宋王朝统一了，然而如果从货币角度来看，它还是一个割裂的政权。整个金融流通区域存在两种货币：铜钱，铁钱。铜钱流行于北方，铁钱流行于四川和江南。在以铜钱为核心的中央金融系统的"卧榻"之旁，岂容臣服地区的铁钱酣睡?

于是，大宋中央政府展开第一场货币战争，不遗余力地要消灭铁钱。战略部署为：封杀江南铁钱，以滚滚长江为防线，禁止铁钱北跨长江；捣毁铁钱的生产体系，代之以铜钱生产系统，在江南地区大力开发铜矿，从源头上消灭铁钱；在战争中又区别对待，货币战争没有覆盖四川地区。

从短期战果上看，战役似乎取得胜利，铜钱开始在江南通行；然而，长期来看，嘿嘿，未必。铁钱以四川为根据地，一直顽强地生存着。一直熬到北宋中期，终于西北起战事了，大宋跟西夏较劲，前线就是“钱线”，打仗是耗银子的事情，政府加大货币供应，铁比铜贱，北宋政府不得不允许在战区——陕西、河东，铸造流行铁钱，从江南货币战场撤军的铁钱，曲折扩充到西北。

货币战争二：南宋与金的金融战

一路打仗没消停，一直打到南宋。宋国对金国，不只是岳飞、韩世忠与金军兵刃相见，在货币上攻防色彩也明显。宋金的军事前线为淮河一带，货币前线也如影随形地停留在这一带。铜钱是珍贵的货币，当然不能流入金国，但前线战区的居民总得使用货币吧？

于是，铁钱又有了用武之地。南宋“央行”批准前线淮河地区为铁钱流区，禁止铜钱进入该地区，免得陷入“借寇兵而赍盗粮”（借武器给敌寇，送粮食给盗贼）的尴尬局面。按照这个标准，铁钱应该可封为“民族英雄货币”，因为它就是阻断铜钱北上流失的战术屏障。

货币战争三：争夺纸币发行权

上面说过，在首次货币战争中，四川地区成为金融特区，铁钱大行其道。铁钱的通行导致另一种货币的产生：纸币。你想想，铁钱多重啊，背个三两贯铁钱上市场，已经是不堪重负，买个醋打个酱油还行，如果是上千贯的交易，例如买房子付首期之类的，按照现在的房价，那还不得背座铁山走？“街市买卖，至三五贯文，即难以携持。”

不急，四川人民的智慧是雄起的，化铁为纸还不行？于是，川中地区十几家富豪联手，在经过政府允许的情况下，创办交子——史上最早的纸币。

这十几家富豪互相作保，用纸张印造交子，纸币上也有图案，一般都是“屋木人物”。在官方监督下印好纸币后，每户人家只要上交相当的铁钱或银子，于是就领取相应价值的交子，然后拿着交子去做交易。如果要将交子换取现金，那么，每贯钱收三十文的利息。

然而，人的本性是贪婪的，在没有政府监督和主导的情况下，这种贪婪会侵蚀交子的价值。史载在交子的流通过程中，“亦有作伪”者，具体过程不太清楚。反正这帮奸商，等到交子使用者前来兑现现钱时，居然关闭交子铺，卷起现金走人，“关闭门户不出”。官府其实还是蛮作为的，派出捕快、“特警”帮着用户追钱兑现，结果到手时不能如数，一千块钱只能追回七八百块钱。

为了整顿金融秩序，大宋王朝起初想关闭交子银行，但是考虑到四川人民已经习惯交子交易，于是，政府接手交子银行。印造发行流通，全由政府一手操办。起初，政府还老实，库里有多少银子，市面上就发行多少交子，也就是说，准备金率为百分之百。三年发行一次，期满时严格要求拿着交子交换实体货币。

不过，时间一久，情况就复杂了。公务员多了要发俸禄，和契丹西夏打仗要军费，和金国作战要扩充军费，财政问题大了，于是就增发货币，在没有准备金的情况下也增发货币，“不蓄本钱而增造无艺”，于是货币严重贬值。

讲到这里，我就不难明白为何岳飞的北伐大业被半途叫停了。

忠臣的职场：岳飞北伐经费不足

交子发展到南宋，被称为会子。南宋的地盘缩水了，没了淮河以北，个人估算一下，当时的控制领域大约也就140万平方公里左右，相当于12个福建，或8个广东，财税来源也就福建、江浙、广东、西蜀和江南一带，只有北宋时期的五分之一，以北宋五分之一的财力，对抗比北宋面对的大几倍的军事压力，窘况可想而知。

到此，也不奇怪前面所说的，市面上为何那么缺钱了。光靠忽悠理发匠也不是长久之计，于是就增发纸币，导致货币严重贬值，一直贬到咱们的大宋王朝灭亡。

岳飞也为费用纠结

我们想象一下：岳飞的大军在前线一路高歌前进，捷报传来，宋高宗就叫秦内阁拿着信用卡刷一下，捷报频传，于是秦内阁手里的信用卡就频频地刷，刷呀刷，刷到岳飞快打到开封城和黄龙府了，秦内阁一看信用卡，傻眼了，于是报告：启奏陛下，严重透支！

透支？那就撤军！告诉岳总司令，别打啦，没钱啦。不回来？十二道金牌把他叫回来。

其实，对于巨额的战争费用，海量的货币使用，岳飞也是很清醒的，《宋史》记载他每次申请军事费用，总要很纠结地说："东南民力，耗敝极矣。"东南地区的财富，都耗光了！

从军事角度和个人军事才能而言，我个人丝毫不怀疑岳飞的北伐作战企图，但是，没钱又奈何？

对于秦桧的投降主义路线，我一直是否定的，但是，也不得不承认，货币的短缺确实也是叫停岳飞北伐的重要原因之一。据当时的记载，军费开支已经占到南宋财政开支的七成以上。

明朝郎瑛的《七修续稿》说出了岳飞北伐被叫停的原因："以钱谷兵甲之无所出欤？"钱粮兵器等军用物资没法供应。郎瑛这话也不是乱说的，他有考古依据，他曾经挖出一块南宋时期的铜牌，宽一寸，长两寸，这是奥运会运动会铜牌吗？非也，是临安府的临时货币，抵三百文钱，郎瑛由此猜测：宋政府南渡，拮据到实在没办法了，拿这个当货币来补救财政上的困境，铜牌相当于当时的交子会子之类的货币："必南渡国穷，救补通变之物，交会钞引之类。"拿着鸡毛当令箭，拿着牌子当钱用，政府的货币危机，可想而知。

所以，郎瑛推论：如果继续用兵，则将导致经济上的崩溃，政府破产，更早亡国："急于用兵，徒促沦亡。"

结语一

岳飞很有种，却碰上没种的老板宋高宗，没种的经理人秦桧，这是他职场悲剧的主要原因，同时，也有经济上的原因，他很有智力魄力，却没有货币，"踏破贺兰山缺"的事业没有资金支持，只好拍着栏杆"仰天长啸"了。

结语二

大宋年年与货币问题纠缠，年年不得消停，再结合一战以来的经济形势可见，经济上所谓的繁荣期，其实只是上一个危机和下一个危机当中短暂的喘息期而已，好个三五年，然后烂个七八年，从一个通胀走向另一个通胀，大宋如此，全球也如此。有木有好办法解决，有木有？

其实　你不懂韩信的心

韩信，注定是非凡的，以至于无论是他的职场业绩，还是他的职场悲剧，都要用非凡来概括。他的职场业绩，是给中国军事史增加了新的术语：背水一战，十面埋伏等；而他的职场悲剧，也成为“兔死狗烹”、“飞鸟尽良弓藏”等职场潜规则的权威注释和案例。

韩信的悲剧要设定在职场范围里来分析。他的死，死于他的定位，职场定位决定你的成败，而不完全取决于性格。定位到位，你再张扬，也能辉煌；定位不到位，你再低调，也可能死路一条。

说韩信是因为不低调不谦虚而死的，是你太不懂韩信的心。韩信在内心深处，到底是怎么给自己定位的呢？

最初定位：一开始就谋大职务

关于韩信同学对自己的职业定位，还是要从他是无业青年的时候谈起。从他那个时候的表现来看，他似乎并不急着找工作，不急着进入哪家公司，哪家单位，因此他也不费力去好好表现，以求得推荐保荐，《史记·淮阴侯列传》记录：“贫无行，不得推择为吏。”平常不好好表现，有关居委和单位也不会关心他的就业。

不找工作就创业，然而，韩同学也没这个兴趣，不去练地摊，也不去投资做生意，“又不能治生商贾”。就无所事事这点而言，韩同学有点像他后来的老板刘邦，但人家刘邦至少积累了人脉，从当地司法人员萧何到屠狗之辈樊哙，都是他以后创业的人力资源。

可韩同学呢，在淮阴街头似乎很孤立，他从街头恶少的胯下钻过去，除了说明他能忍之外，也说明一个惨淡的事实：没有朋友，因此他也就不敢拿着手里的剑去为自己的尊严而战。项梁遭追缉，有司马欣罩着；项伯杀人，有张良罩着……韩信呢？没有任何人帮他，他在江湖上的地位，就是“人多厌之者”，大家都不喜欢他。

孤独的韩信，你到底想干份什么职业？

韩信的职业选择在天下群起反秦的时候，似乎开始显露：他仗剑找到项梁，项梁不怎么搭理他；等到项梁死，他找到项羽，项羽给了他一个能过得去的工作；他又跑，跑到刘邦那里，也不遭待见，找了上层的关系，才给一个征集军粮的工作：搜粟都尉。还是不行，又跑。

职业选择是确定了：干革命，跟着创业团队干。但定位还不明确，你不从基层做起，你到底想干什么？从项梁到项羽到刘邦都没明白，只有萧何明白，因此萧何替韩信向老板刘邦提出的职务要求就是：大将军。

到这里，答案似乎就明白了：韩信在职场，压根就没打算从基层一步步做起来，如果有这个心思，他早就在秦朝谋得一份工作了。他的职场定位此刻浮出水面：做大事业，谋大职务。那些基层的锻炼对他而言，无异于浪费时间和才华。

从后来的表现而言，韩信对于自己做“大将军”的定位，是正确的，然而，他的定位就此截止了吗？到这里，我们真的就读懂了韩信？

非也，后面还有很多纠结的东西，继续探索。

定位之谜：既不想当老板又不想当员工

要承认，最初韩信与刘邦的关系，是马子和老板的关系。最初的韩信，是一个标准的穷小子，除了人力和头脑，没有任何资本，是刘邦给了他职务，给了他资本，刘与韩的关系纯粹就是雇佣与被雇佣的关系。这个韩信自己也有交代，项羽派使者欲与韩信结成同盟的时候，韩信就是这么摊牌的：是刘老板授予我大将军的职务，给了我几万大军，“汉王授我上将军印，予我数万众”。明白地交代了自己的创业资本是刘邦给的。

但是，如果按照雇佣关系去看待刘韩关系，那就大错特错了。接下来的刘韩关系，有点扑朔迷离。

从冲出四川的那一刻起，尤其是从韩信带着刘邦给的资源去北方开辟第二战场开始，他们之间已经不再是纯粹的老板和员工的关系。韩信拿着刘邦给的资本，开了一家分公司，分公司经营得比刘邦的母公司好，韩信在北方，吞并一大帮小公司：赵，齐，魏，规模在一天天扩大。而刘邦呢，在战略中心地带，基本上就是被打得满地找牙。子公司和母公司在资本上的位置其实是在颠倒过来，老板要向员工借米了，母公司向子公司借钱了。

怎么去借？刘邦花了很大的心思，耍了些手段，从这些手段看出来，刘邦已经不再纯粹是韩信的老板。我们看这个有趣的案例：公元前204年6月的一个清晨，刘邦从荥阳突围，基本上把本打光了，他带着滕公渡河来到韩信和张耳的兵营。刘老板选择了一个很奇妙的时刻：大家都还没睡醒的清晨；也选择了一个很恰当的身份：汉王的使者。他在夜色尚未褪尽的清晨，以汉王使者的身份，冲进韩信的办公室，拿起韩信的帅印，然后宣布自己是老板汉王，先把军队拿到手，然后才叫起韩信和张耳。把这支由韩信在北方赢来的资本投入主战场：与项羽的战场。

从这个小动作看出来，刘邦已经不再敢确定自己能做韩信的老板，他不再相信韩会在有准备的情况下将资本交给他。总之，刘邦对他与韩信之间的雇佣被雇佣关系已经没有信心。从刘邦的动作，折射出刘韩之间关系的微妙变化。

再过一年，从韩信张良的举动也看得出刘韩关系的变化。公元前203年，刘老板还是被项羽揍得鼻青脸肿，一天到晚眼巴巴地等着小韩来搭救他，没想到，救兵没到，小韩同志只来了一封要官职的报告：老大，山东地方的刁民不好管，最好给我适当的职务去镇住他们，例如代理齐王（假齐王）之类的。

这姓韩的简直就是韩寒啦——让刘老板心寒啦。刘邦就在要爆发的那一刻，张良给刘邦踩了刹车，提醒他与韩在职场的关系变化，刘邦脑子快，很快认清形势，如今的小韩不再是当初的屌丝和穷小子，于是顺水推舟，把子公司扶正，韩信当了齐王。大家要认识清楚，从刘老板授予小韩齐王的头衔那一刻起，韩信就已经不把自己当刘邦纯粹的马子了。

公元前202年的最后一战，更能显示刘韩关系的变化。那是刘与项最关键的一战，是考验公司成员忠诚度的关键一役，老刘又是眼巴巴地等着小韩来，小韩还是不来。他在等什么？他在等老刘给他的定位一个法律上的认可，这个心思被张良道破了："您上次给了小韩齐王这顶帽子，可他觉得你不是真心的，这次老板您还是把这政策落实了吧。"什么叫聪明？张良这就叫聪明，不仅能琢磨老板的心思，还能帮老板琢磨下属或者其他公司的心理。从这件事看，韩与刘的关系基本上就是生意关系，讨价还价的关系。

从刘邦筑台拜将开始，韩信一天天在远离下属的角色。然而，吊诡的是，在远离马子角色的同时，小韩对老刘却又不弃不离。

小韩忠实于老刘的证据也是一大把。项羽派使者要他反水，他拒绝；蒯通暗示他只要做出"背"的举动，贵不可言；老板要他交出项羽阵营的老友钟离眛，他乖乖交上去；老板来南方视察，要他去报到，他也屁颠屁颠地上了老板那已经布置好埋伏的专列。

背离和忠诚的不和谐音调，同时在韩信身上上演，韩信你到底是反还是不反？要怎么才能读懂你？

谜底揭晓：欲与刘邦建立松散的上下级同盟关系

要读懂韩信对自己的定位，还得从有记录的文字去推断。韩信在刘邦南巡的途中被擒，又被安排在母公司上班，头衔是：淮阴侯。情绪不好的小韩偶尔会去上上班，路上会碰到战友樊哙，樊哙诚惶诚恐地跪拜迎送，说得也蛮谦虚："韩大王居然也肯跟我姓樊的打交道，荣幸啊。"曾经的韩大王来了一个很不和谐的举动，自我解嘲地笑：我姓韩的居然和这等杀狗的同一个级别？"生乃与哙等为伍！"

看到这里，我过去不明白，想着小韩与樊哙都是汉朝的功臣，都是创业人员，都是刘老板的高层管理人员，与之为伍也不算委屈你了吧？现在明白了，明白韩信对自己的定位了。从前面韩信一忽儿疏远刘邦，背离马子角色，一忽儿靠近刘邦，不肯背叛的举动来看，他在职场的定位，既不是老板，也不是马子，而是做老板的盟友！他不肯听老板使唤，关键的时候要待遇，爱来不来，因为他把自己摆在与刘邦几乎同水平面的位置，他要与刘邦维系一种同盟的关系，一种松散的上下级关系。在政治立场上我不背叛你，但在组织上，我是独立的，在利益的分配上，是均等的。我尊重老板你，忠实于你，但我不一定听你使唤。这样看来，韩信把自己至少放在比刘邦稍低，但比樊哙之流高的位置上。

因此，韩信一直没有把自己放在刘老板的职场圈子里，他始终不愿意进入刘邦的圈子。还有一个反面职场案例。大家知道雍齿吧，也是跟着刘邦干革命的马子，据说他一直就没给过刘邦面子，估计是一家公司里经常让老板难堪的那种刺头。然而，刘邦定天下之后，第一个封侯的就是雍齿。刘邦这样做是为了安抚队伍里的反对派。韩信对刘邦，总比雍齿对刘邦客气吧，为什么雍齿没事，而韩信死了呢？答案很简单，雍齿表现再怎么恶劣，再怎么刺头，他也是刘老板圈子里的人，自己圈子里的人，态度恶劣一点没事，因为这种人不危险；而韩信表现再怎么优秀，再怎么忠诚，他也是刘老板圈子外面的人，当然，他自个也没想进这个圈。要进入老板的圈子，不是说有工作能力和工作业绩就行的，有时候还得看你自己的定位。

韩信的这个定位，和韩信的性格没有关系，而是和韩信的政治认识，以及当时的社会政治心理有关系。说通俗一点，韩信的政治认识还停留在战国时代那种裂地封侯的层面，他不屑于做秦朝的小公务员，不屑于做搜粟都尉，甚至不屑于做人家给予的大将军，构筑成他雄心的材料就是：封侯封王，做一个战国时代式的英雄，在政治地位军事地位上保留一定的独立性。他的这种意识和项羽是同一个等级，项羽从事灭秦的目的就是恢复六国的局面，自己做齐桓公式的霸王，而不是做皇帝。

曾经和韩信同一个梦想的人是张良，他起初走入职场的梦想就是恢复旧日家族的风光，恢复故国。我想当初大多数走入灭秦革命队伍的英雄，抱的也是这种梦想。我们无法去批评他们的意识落伍，无法去批评他们复辟，他们的想法就他们当时的意识主流而言，是合理合情的，而合理合情的，未必就是符合历史潮流的。张良和韩信项羽的区别在于，他碰到了刘邦，一个老板改变了他的三观，他从此走入另一种历史形态：不是裂土封侯，称王称伯，而是安心做一个职业经理人。

结语：韩信没有明白，所以他死了。刘邦杀韩信，也是杀死一种过去的历史形态。我们很多人不懂韩信，以为他只是因为不谦虚，只是因为功高盖主，哎，要懂历史的心，不容易。

宋朝官员为何住经济适用楼

大多数人一辈子围着一套房产转，老实供房，小心炒股，夹着尾巴做人，至于若干处房产，若干房情人，就甭去想了，这样的生活虽然不荣华，有点“鸭梨”，但至少你的良心在夜深人静的时候不被骚扰。

名人则不然，且不说有若干处楼房，若干处产业，就算倒霉住棚子，他们也不会低头图安静，而是凭自己的文笔和名气，让草屋变殿堂，让鸡窝变凤巢，例如南阳诸葛庐，西蜀子云亭，刘禹锡的陋室，杜子美的草堂。

今天，我们说说一座竹楼，是宋朝的，如今还在《古文观止》里矗立着，被后人惦记，那是为何？

表象：落魄官员建竹楼　沾沾自喜

这是公元11世纪的第一个年头，湖北的黄冈，宋朝那时候叫黄州，这里本来是好地方，有大山有江水，又多竹子，当然，这是从自然角度而言，但如果从政治角度而言，这里却不是好地方，还在宋朝的时候，到这里来就职的官员，不是犯了错误，就是皇上看不顺眼的，要么就是在同事那里不怎么遭待见的。反正，作为一个政治人物，没犯什么错，就不会往黄州来。

这一年，黄州的父母官，叫王禹偁，从中央下放的，是皇上看不顺眼的一个人。王干部在这个盛产竹子的地方待了三年了，似乎也看不见上调回中央的机会。

47岁的王禹偁在给自己的政治前途作了这么一个判断后，就有了长期待下去的打算，长期待的现象就是：在当地置业。王干部为官三年的收入，似乎不怎么丰厚，这从他的置业就看得出来。

首先，选的不是旺地，而是那种“人弃我取”的地段，而且是取了之后也看不到什么升值空间的城区荒芜地段。这是在黄州城的西北角，一段城墙已经坍塌了，“雉堞圮毁”，完全是危楼建筑。一大堆危墙当中，荒草丛生，“蓁莽荒秽”，看来不是什么交通要道，没有什么集贸中心，更无学校，不然城区怎么会长荒草呢？所以可判断，这块地没什么升值空间。

其次，楼盘品质很低劣，说白了就是一座低廉的竹楼。王干部薪水不高，又不贪，建豪宅是甭想了，趁着当地多竹子，建筑原材料便宜，而且不怎么费人工，因地制宜建栋竹楼吧，“以其价廉而工省也”。在贪污成风的宋朝，王干部也混得真够凄惨的，建个竹楼吧，已经够没面子的了，材料这么便宜，好歹也得九进十八出的，偏偏只有两间。

而且还有个更严重的问题，虽然这竹楼的产权可能没多大限制，但大自然却给了一个限制：十年。

用竹子做的瓦，十年后就腐朽了，“竹之为瓦，仅十稔（年）”。说得明白些，就是江边上一个使用期十年的竹棚子。说它是经济适用房，还真是抬举它了。

就这么个破竹楼，还好意思跟人说自己在黄州置业了？王禹偁却是个乐观派，文艺青年爱吹嘘的毛病犯了，把自己那破楼吹得像个什么似的。如今的房地产商喜欢用“面朝大海，春暖花开”来给楼盘做广告，讲究的就是个能见度高，采光好，视野开阔，王干部给自己的破楼盘也做了个广告语：“远吞山光，平挹江濑”，站在竹楼上，远则能把远处的山光尽收眼底，近则似乎一伸手就可以舀起沙滩上的江水，置换成现代的广告语应该是："一起床，掀开窗帘，就有美丽的青山奔过来给你养眼；一俯身，就可以舀起一江春水，为您漱口。"

虽说能见度好，视野无障碍，其实也就江边一棚子嘛。还好，这句广告词不是用来蒙业主的，而是用来安慰自己的，危害面不大。

王干部接下来继续吹，居然把一栋破竹楼吹成了多功能音乐厅。从季节而言，夏日，这楼适合下暴雨，因为雨水打在竹瓦上，能发出瀑布的声音，连去庐山看瀑布的路费都省了，闭着眼睛在这里听瀑布就是了，也不知道王干部会不会担心漏雨；冬天，适合下密雪，雪粒打在竹子上，好像很多碎玉在跳动，带来良好的听觉享受，也不知道王干部会不会担心大雪压垮竹楼。

从音响功能而言，适合练琴，竹楼可以过滤杂音，给琴音做一个天然的调配；适合咏诗，竹楼是智能型大厅，能让你的诗歌更加含有韵味，其实也就是说，没人听你王干部的大作，只好委屈竹楼来听了；适合下围棋，棋子的声音回荡在竹楼里，发出清脆的伴奏音……真是美死了。

以竹楼鄙视天下名楼

王干部吹得一发不可收拾，居然神游穿越历史上的名楼：孙权的落星楼，唐代的齐云楼，汉武帝高五十丈的井干楼，曹操的丽谯楼……

王禹偁在古代各大豪华楼盘穿越一番，回到自己的小竹楼，不以为然地说：这些所谓名楼，确实很高，确实很华丽，但干的都是包养娱乐界女星的腐败勾当，不是像我这样有品位有操守的文化人干的事，咱不稀罕。"止于贮妓女，藏歌舞，非骚人之事，吾所不取。"

其实，王干部是有机会住好楼盘，在首都开封过好日子的，不用在偏远地区的竹楼里自己给自己打气，是什么让他落魄到这般地步的呢？这里头，有一个很大的秘密，一个事关当时赵家天子的秘密。

缘起：揭皇家隐私　致落魄江湖

这里要说远一点，大家都知道，宋朝第二任领导人宋太宗是第一任领导人宋太祖的弟弟，当时宋朝的对外宣传口径是：赵匡胤觉得弟弟赵匡义（后改名为赵光义）实在太英明了，国家不交给他还真不行，而且兄弟俩的老娘杜老太太，也觉得把皇位传给年龄大的儿子比传给年龄小的孙子靠谱，于是选定赵匡胤的弟弟做接班人。这是官方的版本。可民间还流传一个版本：就在宋太祖翘辫子那年，公元976年，农历10月19日晚，大雪，三更，皇帝哥哥赵匡胤忽然找弟弟赵光义，单独会谈，期间还饮酒。接下来，赵匡胤睡觉，赵光义退出，但留在宫内；四更，赵匡胤死。死者弟弟赵光义马上奔回哥哥卧室去。这其中疑点太多：死者和弟弟一起饮酒，弟弟一离开，哥哥就死了，下毒嫌疑太大；哥哥死亡的消息传来，弟弟第一时间赶回去，这准备工作也太充分了吧。

这桩疑案称为“斧声烛影”。本着以证据为准，宁可放过一堆坏人，也不能冤枉一个好人的专业精神，我们不能百分百断定赵光义为杀兄主谋，但有一点不容置疑：死者的弟弟主动阻拦侄子接班。赵匡胤暴毙后，四更，宋太祖的皇后——25岁的宋氏，马上叫来身边的工作人员：王继恩，去叫赵匡胤18岁的儿子赵德芳（并非宋皇后亲儿子）前来商讨接班事宜。其实，有时候身边的工作人员就是身边的定时炸弹，王继恩出去了，带进来的却是早有准备的弟弟赵光义。宋皇后到此刻，知道政治格局已在一夜之间洗牌了，她在承认既有事实的情况下提出：必须保证她们母子的安全。赵光义为稳定死者家属情绪，给出四字方针：“共保富贵”。

宋太宗很不厚道

整个过程中，有一点不容置疑：这位见证篡位过程的皇嫂，前任第一夫人，永远是宋太宗心中的一个阴影。

公元995年的4月，45岁的宋皇后逝世，追封为“孝章皇后”。然而，一直有着心理障碍的宋太宗处理得很不厚道：他既不亲临追悼会致词，也不容许全体官员前去前任第一夫人的灵堂致哀送花圈，更不按照第一夫人的规格下葬。这在当时的读书人和民间当中引起了极大的不满。王禹偁当时是中央的翰林学士，他憋不住自己的真实想法，发议论说：孝章皇后是前任国家第一夫人，曾经母仪天下，应该按照国母去世的规格下葬。议论传到宋太宗耳朵里，引发严重的政治后果。

在政治上算是王安石的老师

虽然，宋太宗来路不当的新闻在民间传得很广，不过法不责众，那是没办法的事。但你王禹偁的身份则不同，你是宋王朝的干部，你不注意自个的身份，乱说话，乱点评，有损当今国家元首形象，那好，你给我到一边待着去。这一年，王禹偁从京城下放地方，去了滁州。

在地方上晾了两年，熬到宋太宗也没了，下一任元首宋真宗要各地打报告提工作建议，王禹偁的报告上去了，里面提出变法，好多建议都是后来范仲淹王安石变法的源头，宋真宗觉得人才可用，又把王干部调回中央，委以重任，参与宋太宗资料的整理撰写工作。

本来嘛，皇上给你一支笔杆子，不是叫你发牢骚的，不是叫你揭露的，而是叫你讴歌的，是叫你擦鞋的。王禹偁似乎忘记了前任领导是现任领导的亲爸爸，他本着对历史真相高度负责的精神，把宋太宗那点见不得人的勾当又要写进材料里去。这简直是在逆天，宋真宗看王干部实在是没法栽培了，于是一脚把他踢到黄州去。

王禹偁是个硬骨头，当年被宋太宗下放时，就给中央写信，对皇上提出严肃的批评，这封信叫《滁州谢上表》；到了黄州，又给皇帝写信，说不管遭受官场上政治上什么样的“风摧霜败”，他高洁的品行依然芳香不改。

宋真宗看他没辙了，于是就让他在地方待着，不管王干部怎么打离退休报告，就是不理睬，狠了心让他烂死在地方上。

就在这种背景下，我们刚直不阿的王禹偁老师决定在黄冈置业终老，两袖清风修不起豪宅，只好搞个宅基地，弄个寒酸的竹楼，让自己的灵魂得到一个栖息之所。虽然屡遭打击，但王干部还是蛮淡定的，每天下班回来，穿一身便服，头戴道士们的华阳巾，在简陋的竹楼上笑看“风帆沙鸟，烟云竹树”，以此“消遣世虑”。

结语：王禹偁没有再从地方回到朝廷，第二年他就在蕲州去世。但他建起的竹楼，还是矗立在中国良心的高地上。

别说黄冈竹楼是隐士的玩意，其实它撑起的是宁可牺牲仕途，也不牺牲真相的硬骨头精神。

《黄冈竹楼记》节选

夏宜急雨，有瀑布声；冬宜密雪，有碎玉声。宜鼓琴，琴调虚畅；宜咏诗，诗韵清绝；宜围棋，子声丁丁然；宜投壶，矢声铮铮然；皆竹楼之所助也。……

焚香默坐，消遣世虑。江山之外，第见风帆沙鸟，烟云竹树而已。待其酒力醒，茶烟歇，送夕阳，迎素月，亦谪居之胜概也。

一代虎将马超是吓死的？

从一家大公司的老板，沦落到另一家公司当员工，虽然还是厕身于管理层行列，但原来那份独一无二的权威没有了，而且新公司不会对你再委以重任，你待在新公司不是为了施展身手，只是保持生存和安全而已，不再意气风发，而是战战兢兢，这是一种什么现象？

放在三国这个职场上，或可称为“马超现象”。

职场定位：“五虎将”头衔是一种贬低

读《三国演义》，谁不知蜀汉五虎将，谁不知五虎将中的马超，然而，“五虎将”这个头衔却正是马超职场生涯的悲剧，从一方雄主沦落到刘大叔手下的将军级“打手”，地位是升还是落，一目了然。诚然，“三国演义”里的“五虎将”之说属无稽之谈，子虚乌有，但《三国志·蜀书》里，确实将这位西北枭雄与刘备的手下关羽、张飞、黄忠和赵云并列，殊不知，马英雄本来应该是和刘备并列的，甚至当初他比刘备要高一个等级。若史上真有“五虎将”这顶帽子，马超肯定在内心里是不乐意戴的。

说起马超的来历和革命经历，刘备大叔在他面前确实有点黯然。先论出身，刘大叔的“中山靖王之后”这个身份是不靠谱的，而马英雄虽然不是皇族名门之后，但他老爸马腾的高级军官身份却是靠谱的。马家在西北第一代：马子硕，在甘肃天水当基层干部，后来不知道犯了什么错误，被免职了，政府也不补贴回家路费，于是就扎根西北，穷得不行，但当地一位美丽善良的羌族姑娘看上了马子硕，嫁给他，给他生儿育女，于是有了马二代：马腾。马二代还是穷，当个体伐木工人，虽然当地人尊重这个“长八尺余，身体洪大，面鼻雄异”的汉子，但这并不等于他有出息了，最多也就赢得一句“那卖木材的老马，人不错啊”。平常人当中，不错的人多了去。

机会送上门来了，东汉灵帝末年，西北边城发生叛乱，在那个时代，想要发达，要么叛乱，要么平乱。马二代参加了平乱，他选择对了，于是草鞋换皮鞋，从军司马到偏将军，一路到征西将军，算是当地的军界要人了。

马家第三代——小马哥马超，就是在这么个背景下成长的。说小马哥是高级军官子弟，丝毫不过分。刘备大叔呢，织草席的就是织草席的，往近处的长辈，尤其是他老爸，混的那点人生成就，根本拿不出手来给他贴金。

小马哥出身比刘大叔高贵，这个已经无疑了，至于自身呢，我觉得，小马哥在前期混得比刘大叔好。从破坏程度而言，马超总是给曹丞相制造麻烦，而刘备呢，总是被曹丞相制造麻烦。小马哥杀得曹操割须弃袍，这是传说，但史书记载，小马哥确实一度让老曹人在囧途。建安十六年，公元211年，马超与曹操在潼关干了一仗，当时老曹要渡河，优哉游哉地，结果小马哥动作贼快，兵锋已经推进到老曹指挥部外围了，老曹却还坐在办公桌旁边发呆，“公犹坐胡床不起 ”。马子张颌拼死拼活将领导送上船，河水急，船被推出去四五里远，马超的部队不比河水慢，沿岸追击，射箭像下雨一样密集，这个时候的架势，就是十个曹洪许褚也拦不住，小马哥啊，再坚持一下，说不定老曹的历史就此截止了，不是让箭射死了，就是翻船给水扁了。不是小马哥不坚持，而是老曹在关键的时候放羊，西北系的军人改不了羊倌的习性，放下曹操去追羊，结果被历史放了羊。

反观刘备，从来没有让曹操这么囧过，每次刘大叔起事，老曹总是像抹去蜘蛛网一样，把他给摆平了。

因此，老曹对刘大叔和小马哥的评价不同。在职场的分量，很多时候要看竞争对手对你的评价。对于刘备，老曹说，天下英雄唯有他老曹和刘大叔，这是茶余饭后的闲谈，平心静气的聊天，多少带点鼓励的性质，或者试探的性质，因为在此前，刘大叔没有干出点什么让老曹佩服的事情来。对于马超，老曹说了一句："马儿不死，吾无葬地也。"这可不是茶余饭后的闲谈，这可不是平心静气的聊天，这句话，估计老曹是带着心跳每分钟一百二十次的状态说的，是在潼关前湍急的河流中，在如雨的箭矢中，经历了拿着脑袋拴在裤腰带上跑路的经历之后说的。让对手害怕，就是最大的佩服。

对于老刘，曹操是鼓励；对于小马，曹操是后怕。

再谈点实际的，看小马和老刘职位的对比。刘皇叔在得荆州西川之前，有过几次职务上的辉煌：一次是当徐州牧，那是陶谦同志给的，因为吕布，结果没当稳；一次是平了吕布之后，老曹给了他一个豫州牧，按现在的说法应该是大汉帝国豫州州长，可惜，只是个虚职，拿着州长的薪水，享受州长的待遇，但不履职。到46岁了，还在新野县长和民兵司令的位置上混。

小马哥是含着金钥匙出生的，他们马家在西北的地位可不是虚的。马家军就身份而言，私人部队的成分多于国家部队的成分，这支部队的私人身份也是当时的中央政府所认可的。公元208年，赤壁之战那一年，老马退休，到京城去养老，手里的马家军呢？不是上交给中央，也不是中央另派要员接收，而是交给当时33岁的小马哥管理，真可谓货真价实的西北军少帅。刘备大叔也是在34岁左右有了自己的地盘——徐州，但那是别人让的，让给你的不一定是你的，自己拿着的才是自己的。这就是小马哥和刘大叔的区别。

小马哥比刘大叔出身高贵，比刘大叔实力强大，比刘大叔业绩辉煌……

总之，那时的刘大叔，和小马哥不是一个级别的混混。然而，历史的职场经常洗牌，洗着洗着，马家的公司破产了，刘大叔的公司越做越大了，小马哥要靠刘大叔发工资了，小马哥的抑郁开始了……

职场尴尬：枭雄看人脸色

小马哥命运的急转直下，祸根在于他跟老曹斗，不是小马无能，而是老曹太强大。西北系是一家小公司，老曹是一家大公司，曹马之争，不是斗智斗勇，而是拼实力。小马丢了西北，南下，到了陕西汉中，在一家小公司安顿下来，这家公司就是张鲁。

马超的悲剧和抑郁开始了。西北大老板在汉中一家小公司安身，昔日的马少帅看着汉中那一片局促的天地，会不会时时想起西北那无边的大漠，绵延的群山呢？是不是想起他曾经由他挥斥来去的千军万马呢？昔日的宽广，如今的局促，肯定让他难以释怀。他的郁闷，是有史记载的，马超的妾有一个弟弟，名叫种，一直在汉中工作。马超来到汉中后，有一年春节，种给姐夫马超以节日的祝贺，马少帅的反应是“捶胸吐血”，他很悲伤地说：“我们马家几百口人，在同一天被曹贼杀了，我们两个还有什么好庆贺的？”马超的家属，包括老马在内，都被曹操残杀无余。

小公司也就罢了，偏偏老板气量也小，张鲁给了这位西北英雄一个文职：都讲祭酒。换到今天就是一大学教师，军界政界失意，转入学术界理论界了？当时张鲁想把女儿许配给他，眼看着要和总经理攀亲戚了，有人从中作梗：老板，一个连自己老爸的性命都敢拿来做赌注的人，会把你闺女当回事吗？于是，这门亲事就歇了。小马确实有点莽撞，他在西北起事的时候，老爸还在老曹手里捏着，而不是“三国演义”里所说的老曹先杀老马，小马再造反。

大家都知道，小马哥职场的最后归宿是在刘大叔那里。这位英雄，每转一次职场，就要带着血泪的经历。从西北转到汉中，以一家二百多口人的性命为代价；再从汉中转到刘备，则把庶妻董女士和儿子马秋撂在张鲁那里。曹操进了汉中，不会给小马的家属一个好安排的，他把董女士给了一个叫阎圃的家伙；最歹毒的安排，就是把马公子马秋给了张鲁，其实这是考验张鲁忠臣度的一招棋，领导把人交给你，你看着办？张鲁能有什么选择呢？唯一正确的选择就是亲手杀了马秋公子，“（张）鲁自手杀之”。

马超带着累累的血泪到了刘大叔手下，昔日的西北枭雄，如今只是混一口饭吃的员工。他算是安全了，然而，他的抑郁并没有结束，而且还在继续。

小马哥在新公司里安顿下来，得到的职位也很高，起初封的是左将军，还有临时的军事决定权，这个就叫“假节”，即军事行政代理权。后来又是骠骑将军，并州牧，甚至一度镇守蜀汉的第一战略要地：汉中。汉中在当时蜀汉的地位，就相当于戈兰高地对于以色列，小马哥大概相当于驻守戈兰高地的兵团司令。而且，新老板刘备对他也有专门的委任，公元221年，就有专门的文件讲述马超在新公司的地位，刘备在文件中明确了他和马超有共同的战略目标：对付曹操。“曹操父子，世载其罪，朕用惨怛，疢如疾首。”意思就是说，马超同志，我们有着共同的敌人：曹操。他们父子罪恶滔天，我和您一样，对他们切齿痛恨。然后，文件又阐明了马超的职场定位：以他在西北的威望，联合西北一切可以联合的力量，对抗曹氏集团。

从政治形势而言，蜀汉公司似乎已经接纳马超，然而，从人心角度而言呢？蜀汉系的新同事对他似乎有疑虑。反应最明显的是刘备的兄弟——关羽，二哥远在东边的荆州，心思却挂在西边，隔着几千里写信给诸葛亮，问：马超是个啥样的人？"问超人才可谁比类？"这种心态可以理解，公司里来了个重量级的，简直是巨无霸的新同事，从来没打过交道，也没一起吃过饭，搓过麻将，当然不放心，尤其上司就是自己的结拜兄弟，《三国志》上交代得很清楚："旧非故人。"诸葛亮很善于危机公关，于是回信说：小马哥是跟张翼德一样的人物，文武全才，"雄烈过人"，是个角色，但人品不如你，风度不如你，不如你的"绝伦逸群"。这番话才让关二哥情绪稳定下来。

其他同事的情绪有没有稳定，不得而知，反正小马哥的情绪一直没有稳定。公元220年的一起政治事件让马超几乎到了心理崩溃的边缘。那一年，蜀汉集团一个叫彭羕的成员，被委派到边远地区当太守。彭羕在蜀汉集团的精英人士中，属于本土派，他的才能得到庞统和法正这两个重量级参谋的认可，然后得以进入刘备的视野。刘备重用他，到了"指授诸将"的地步，他也不负重任，做得让刘备十分"称意"。按照这个趋势，他可以走到诸葛亮庞统法正的地步了，然而，诸葛亮在彭羕的职场升迁路上设置了障碍，他认为彭羕靠不住，"心大志广"，一个老板最忌讳部下的就是：野心大。刘备在本土派和南阳派之间选择了后者，于是，正在春风得意的彭羕忽然被终止了辉煌之路，被外派当地方干部。

被边缘化的彭羕，自然想到了被边缘化的同类，他在外出赴任之前，找到了马超。

这个迹象有玄机，一个本土派精英，找到西北系的军阀，要干什么？为什么找他？要干什么先不说，为什么找他就说明一个现象：马超也是被边缘化的一个。

二人会谈有记录，马超说了一番客气话："彭先生，您本来应该是诸葛亮法正一流的人物，如今却外派当地方干部，其实也让大伙蛮失望的。"小马哥不会说话啊，这个时候应该说些鼓励彭先生在外面好好干，要相信组织之类的话，却把话来挠着人家的痒处，结果把更严重的话惹出来了，彭羕最后说出自己的意图："你和我里应外合，天下就是咱哥俩的了。"

这个时候的马超，石化了。寄人篱下、屡遭挫折的他，此刻不再有在西北时候的贼心贼胆，他想到的不是施展手脚，建立霸业，他想到的只是保全自己，他已经死了二百多口亲人，他再也死不起了，再也玩不起了，《三国志》明白地记载了他的心情："羁旅归国，常怀危惧。"对于彭羕这样大逆不道的话，"雄烈过人"的小马哥，此刻的态度是"默然不答"。接下来，他做了一个对于自己来说十分正确的政治选择，也是一个很没英雄气度的选择：上报蜀汉中央，揭发彭羕的罪行。

当年连老爸都敢牺牲的西北雄鹰，如今连个同事的口风都不敢保密，历史和人生，真是一场无奈的游戏！

这次政治事件并没有连累到马超，却可能重创了他的心情，不知道他有过多少次的辗转难眠，有过多少次的如芒在背，忧心忡忡地为自己的命运焦虑，怀着朝不保夕的心情在新公司过日子。这些虽然只是想象，但他的生命长度却似乎证明了这些想象：事件的第三年，这位鹰隼般的英雄像秋叶一样凋谢了，享年才47岁。遗嘱里没有雄心壮志，没有国事，只有家事，他强调了自己的悲惨遭遇，一家二百余口都惨死在曹孟德手里，只有一个拜托：将弟弟马岱作为马家的继承人。其他的呢，"余无复言"。他在低调中结束自己的一生，甚至连遗嘱都那么低调。他最终想到的只是保全。

结语:《三国志》的作者陈寿对于马超的评价，没有强调他横扫西北、震慑曹操的功业，却强调了他坎坷的际遇，说他“因穷致泰，不亦愈乎”，无非是说他最终能保全自己，得到善终，也蛮不错的嘛。这其实是一种对英雄的调侃和叹息吧。

马超的职场，在风云际会中开始，在默然低调中收场，我们无法从中总结职场的经验教训，只会想象着这位西北的少年，在巴山蜀水的局促中，是不是常常梦回西北，骑着骏马，挥斥千军万马，在无边大漠，在莽莽长河，一往无前地冲杀和呐喊呢?

唐朝装修工眼中的房叔房婶

刘生者，湘人，于广州安身立命，购陋宅一所，娶妻生子皆在此。去年6月，觉居室陋旧，无颜接待乡里亲戚，决意装修。装修头目杨师傅，蜀人，问刘生：此宅父母所赠乎？刘生答：我父我母，艰辛劳作，抚我成人，何忍从其手中夺养老血汗钱购房？一砖一瓦，皆我与我妻，一个钱一个钱省将出来的。

杨师傅闻此，叹曰：我装修十余年，常入豪宅，见主人不过年少公子，无寸能，无寸功，却居豪宅，开豪车，豪花钱，豪泡妞，不过寻常嫁娶，无益社会，媒体却大肆报道。人与人，不能比。

刘生笑曰：这是他的福气，我比不得。不比福气，只比力气；不比贵气，只比志气；不比宝气，只比才气。我宅敝旧，然皆我力气志气才气所得，居之而安，身心怡悦，如此足矣，不计较许多。

经历如许，再读韩愈《圬者王承福传》，知繁华未必长久，无愧方是正道，感慨良多。

引子：唐朝转业军人混迹于泥瓦匠队伍

王承福，唐朝首都地区农民，他老爸、他爷爷、他祖宗，都是唐朝首都地区农民。不过到公元755年冬季，他家族的农民史被终结了。安禄山来了，唐玄宗跑了，天下乱了。唐朝皇室打开国库，大发银子，招募11万大军投入战场，王承福知道自家的田是耕种不成了，他扔下锄头，拿起弓箭，步入行伍，转战南北，一去便是十三年。

公元768年，他放弃军衔回到家乡长安。此时，唐帝国的繁荣没有了，他家的耕地也没有了，还好，有门手艺，弓弩手是技术兵种，王承福手脚不笨，他操起一柄镘子——一种粉刷墙壁的工具，靠装修为生。王承福复员回长安的那一年，正是韩愈出生的那一年。

生存方式：没买房，租房住。他根据房租、食品价格的涨跌幅，来决定自己的手工价格。

投资手段：手头结余全投资于福利事业，“有余，则以与道路之废疾饿者焉”。

家庭状况：一人吃饱，全家不饿。

刷墙刷了三十年，大概到公元798年，王师傅接受了韩愈的采访。是年，韩愈34岁。王师傅虽读书不多，却有一套独特的人生观，且听采访录音。

韩愈采访王承福师傅录音

吃一份安心饭　长安豪宅多是浮云

俺老王这么多年啊，就信这句话：有多大能耐，就吃多大碗饭。人就像个碗呀碟呀，有大有小，大的盛得就多些，小的盛得就少些（任有大小，惟其所能，若器皿焉）。

你吃哪碗饭，就要对得起那碗饭，千万不要对不起你的饭碗，不然老天爷就会生气，一生气就会让你遭殃的（食焉而怠其事，必有天殃）。因此啊，俺老王就怕天谴，一天也不敢放下俺的生产工具去偷懒，而是老老实实糊墙，老老实实吃饭。

韩记者，你问俺干吗不跳槽做白领，俺觉得俺是个干蓝领的命，费心思去指挥人，跟人尔虞我诈，俺没把握。糊墙装修这活，干着心里踏实，那效果看得见，摸得着，吃着这碗饭心里不惭愧（吾心安焉）。

韩记者，你问俺有没有装修过豪宅，当然有，我拿着我的涂墙工具，进入豪宅也不是一回两回了。见的世面大了、多了，这感慨可就深了。

有些豪宅，去过一次，再去一次，居然变成废墟了。

有些豪宅还持久些，去过两次、三次，还能坚持着，可下一回再去时，还是免不了浮云的命运，也成废墟了。

俺说呀，这长安豪宅，多是浮云。

豪宅变成废墟，总得有个原因吧。为什么呢，俺老王问这些豪宅的邻居：这么好的宅子，咋就废了呢？答案啊，也逃不出下面几种。

一，主人被正法了。“刑戮也。”

二，富一代死了，富二代富三代守不住。“身既死而其子孙不能有也。”

三，人死，财产归公了。

这豪宅的兴衰，俺老王看得多了，也做个总结。这些个豪宅的主人，要么就是吃着这碗饭却对不起这碗饭，遭天谴了；要么就是智商和情商实在配不上这份富贵，被淘汰了；要么就是物超所值，所住的宅子超过了劳动所得，被重新分配了……

俺见得多了，想得也多，心里也悲催，这些废弃的豪宅便是俺的人生借鉴，一定要吃碗踏实饭。因此选择糊墙装修这份自己擅长的工，把它做好，心安理得。

韩记者，你问我为啥不讨个老婆生个孩子，哎呀，俺能力低，收入也微薄，哪里有心思去养活老婆孩子呢？

采访总结：独善其身也很伟大

各位朋友，听了这段采访录音，不知作何感想。

王师傅的独身主义当然是要不得的，不愿意为妻子儿女分心的人，也是不愿意为他人分心的人，这样谁还来做社会的公益事业呢？但是，他的独善其身还是可取的。王师傅比起那些患得患失，一心只想攫取非法利益，最后导致身死家破的人来说，他是伟大的，他的境界是高远的，也是值得我学习的。

链　接

白居易笔下的长安豪宅

比韩愈小四岁的白居易，也注意到长安城豪宅的兴衰，写有《凶宅》一诗。

“长安多大宅，列在街西东”，可是把门一打开，往往是空置房：“往往朱门内，房廊相对空”，里面已经是动物乐园，猫头鹰在树梢歌唱，狐狸在草丛中躲藏：“枭鸣松桂树，狐藏兰菊丛”。

这些凶宅的前主人往往是将相公卿，可是他们要么被流放，要么身死其中，结果十余年来，市民们视为凶宅，在市场上出售则无人问津，“自从十年来，不利主人翁……人疑不敢买”，白居易对“凶宅”这种迷信说法很不以为然，为破除迷信，他说，都是豪宅主人权高位重却骄奢不法，导致家业破败，人去楼空，“凡为大官人，年禄多高崇；权重难持久，位高势易穷；骄者物之盈，老者数之终”。

因此，白居易最后总结说：“人凶非宅凶。”不是住宅有问题，而是人品有问题。

结语：王承福是个小人物，他的职场就是一把刷子，他却成了帝都长安达官贵僚职场生态的一个观察者。他没有机会进入达官贵僚们的职场，却有机会进入达官贵僚的住宅，而住宅是官僚职场生态的一个最佳观测点。职场盛，宅盛；职场衰，宅衰，这个晴雨表是不会出差错的。希望房叔房婶房大爷们能从中读出些什么来。

第五章

混得成功　未必混得漂亮

功成名就的圣贤豪杰，事业漂亮，但活得未必漂亮。在尴尬的人生面前，成与败，真的很浮云。

左宗棠是个大话王？

林则徐以后的晚清重臣，到如今真的能拿得出手的，怕只有左宗棠左老爷子了，在“重臣”这个职场上，他的经历是最辉煌的。曾国藩是个完人，可如今成了镇压起义的刽子手；李鸿章裱糊起整个晚清王朝，可他更惨，混成了卖国贼；只有左老爷子形象愈来愈高大，屹立不倒，别的不表，光是收复新疆这项业务，连岳飞都未必能攀肩齐驱。

然而，职场无完人，左宗棠业务做得漂亮，可一进办公室就不行，这么个大大的民族英雄，在晚清文人的笔记《南亭笔记》中，他的办公室经历狗血得很。

疑惑：顺利收复新疆 无法与同事相处

光绪七年，公元1881年，左宗棠回到北京，当年他是抬着棺材出征西北，此时却是带着“光复河山”的光环回来，京城里的百姓闹腾腾的，都要一睹左老爷子的风采。忽然有市民指着城里一座比紫禁城还高大的洋教堂说：“你们瞧好啰，左大人一回京城，准得把这个比咱们万岁爷的宫殿还高的洋玩意给拆了。”

这条饱含民族主义激情和愤青情怀的微博，登时在北京城里头传开来，点击跟帖的无数，都纷纷传言此教堂的寿命延续到左大人进京为止。宫里头的皇帝听到这个传言，慌忙通过有关部门发布新闻辟谣：木有此事。

从这个小波澜可以看出左老先生一贯的为人风格：爱生事，到哪里都动静大，到哪里都不会让人消停。这人还没挨着京城呢，就传言他要拆教堂了。

拆教堂是个传闻，折射出来的左宗棠的为人却是八九不离十的。这回到京城能消停吗？

老左在地方干了这么大一票业务，又是69岁的人了，无论是从功劳角度考虑，还是从苦劳角度考虑，老左也该歇歇了，老干部歇歇的最好方式，就是待在中央总部养老，当京官。就在这一年二月开始，老左留北京，开始在军机处、总理衙门值班拿薪水。老同志德高望重，每天看看报纸，签个名，喝杯龙井，年轻的同事们让着点，老前辈含糊点，大家在办公室和睦相处，能有啥事呢？

就这么着，居然还和办公室同事们闹矛盾，不可收拾。《清史稿左宗棠传》记载："然值军机、译署（总理各国事务衙门），同列颇厌苦之，宗棠亦自不乐居内，引疾乞退"，老左在办公室弄得同事们苦不堪言，纷纷叫嚷："跟左老爷子没法混了。"老左也做得不开心，向皇帝打报告，以身体不适为理由，要求办离休手续。

大清帝国的大厦都歪成那样了，老左还算是个能支撑大厦的，抽身一退，行吗？但也总不能让他和年轻的同志们在办公室里耗着，于是，又放到地方去，这一年的十月，老左又去了江苏当两江总督。

当时的左老爷子身体状况其实已经很不适合去地方工作了。他晚年在江苏主持军事工作期间，每次在军区办公室吃完工作餐，警卫员帮他洗漱，那场景可真悲催，据晚清李伯元的《南亭笔记》的现场记录，一个警卫员摁住左老爷子的头，俯向脸盆，另一个警卫员拿着毛巾在前面替老爷子擦脸，但见老爷子的眼睛眉毛鼻子嘴巴随着毛巾的揉动而乱动，"第见口眼乱动而已"。老同志纯粹回到婴儿阶段了。饶是衰老成这样，都宁可下地方也不在京城混。老左到底怎么啦？为什么不适合在京城的办公室混？

尴尬：左宗棠做京官　有如李云龙坐办公室

是什么让左宗棠在京城部委办公室待不下去？人事的冲突，人事的冲突往往是性格的冲突。

老左的性格，那可不是一般的火爆，分明一个“湖南橛子”。“性端严，少（稍微）忤之，必遭呵斥”，严肃得不行，开不起玩笑，稍微犯着他，必定是一顿好骂。某天上朝，在等着的那会，碰上个老友，是刑部尚书，两人谈得正欢，提到一件案子，此案涉及一个68岁的老人，左宗棠说：“这人老了，就不用再上司法程序了。”意思就是放老人家一马，这位尚书老友就开了老左一个玩笑：“老友，您也甭装慈悲了，你带兵打仗，杀人无数，没准也杀过68岁的人呢。”

一句玩笑话，老左居然火了，在老友面前说翻脸就翻脸，一拍桌子吼起来：“你小子给我听着，老子我在沙场是杀人无数，可从来不杀害伤员和老人，就算有老人应该正法的，我都放过他。”说完，拂袖而去，弄得这位老友待在那里吐舌头。你想想，刑部尚书是什么职位？相当于今天的中央政法委书记兼公检法各部门的部长，几个部长凑一身的大官，也凑不够老左一个面子。

痛骂老战友曾国藩

跟老同事没面子讲，跟多年的老战友呢？待遇也一样。他多年的老战友当然是曾国藩。对于老左而言，没有老曾，他基本上就是一事业编制的聘用干部而已。想他当年聘用在湖南省政府，得罪的人比吃过的饭还多，基本上要一头栽入人生的无底黑洞时，老曾看在“党国”的份上，拉了他一把，老曾对朝廷说：“就让左同学到我的独立师来混吧。”老左就以四品的身份参加老曾的企业——湘军。

在别人手下混，老左也不老实，你老曾搞独立师，我姓左的偏要搞个独立团，而且我还偏不叫“湘军”，要叫“楚军”，打法就跟你姓曾的不同。这性格确实有点李云龙的味道。

无论怎么说，左宗棠也得感谢老曾的提携之恩。然而，两人因为具体的业务摩擦，从攻陷南京那时起就不搭话了。老曾是个有风度的老滑头，虽然不和老左来往了，然而逢人便说老左好处。有一年，清朝有个中央干部从甘肃视察回来，和曾国藩面谈，这个干部似乎不太了解曾左之间的矛盾，赞叹左宗棠说：“左将军在咱们朝中那可是无二啊。”老曾马上把这当成表现风度的机会，他拍案而起，把对老左的赞美升级：“岂止是朝中无二，简直是天下第一。”

老曾要滑头，老左却不领情，他每次接见部属，一杯茶过后，说几句公事，就进入主题：骂曾国藩。尤其喜欢当着曾国藩的老部下骂老曾，这些人当着老左的面不好发作，退下来之后就抱怨：“大帅自不快于曾公斯已耳，何必朝夕对我辈絮聒？吾耳中已生茧矣。”

曾国藩也许真的有值得骂的地方，共事这么多年，哪能没摩擦，然而，同事们看的不是恩怨，而是风度，这一来，老曾还真把老左给比下去了。试想在办公室老听着一个老干部骂另一个老干部，你待得下去吗？

当着百官自封“左老邪”

老左痛恨一个人，那是痛恨到对方死都不罢休。曾国藩去世了，左宗棠还是参加了追悼会，还送挽联：“知人之明，谋国之忠，自愧不如元辅；攻金以砺，错玉以石，相期无负平生。”论贡献，咱没法跟你比；论关系，俺是刀来你是磨刀石，彼此摩擦，彼此进步。看这说法，似乎老左对老曾释怀了，其实不然。

老曾去世，朝廷要考虑对老曾一生的业绩给个评语了。古代干部死后的荣誉，最难得的就是“文正”。内阁打报告上去申请给个

“文正”的荣誉，当然还有什么其他“文忠”、“文襄”之类的备选项。有一天，答案揭晓，曾国藩得最高分，皇帝在“文正”的选项上画了一个朱红圈圈。

左宗棠却不依，也不管全体中央成员在场，操着一口浓浓的湖南湘阴话就开骂了：“姓曾的这小子居然也配得上‘文正’？这什么世道啊！他都‘文正’了，那老子岂不成‘武邪’啦。”气得都自封“左老邪”了。老左直爽，不过也要看场合，老战友也就这么一回了，你也不消停，用这种态度跟同事相处，肯定是混得满世界都是仇人。

性格瑕疵

喜欢抢麦喜欢晒成绩

左宗棠是个光明磊落的民族英雄，人品没得说，然而，也不是没些小毛病。

例如喜欢抢麦，当年在湖南省政府当秘书的时候，湖南省长(巡抚)是骆秉章，有时候幕僚们一起开会，如果当时有麦克风，那麦克风一定是始终拽在老左手里，据传老左的表现是：“慷慨论事，证据古今”，包括省长大人在内，基本上“静听而已”。不仅开会抢麦，工作上也抢麦，他一个做秘书的，把省长厅长的活全干了，“一切专擅”。有一次居然胆大包天，自己写一份文件，用省长的官印一盖，草鸡变凤凰，就变成省长的意思了，然后发到中央去。

咸丰很赏识左宗棠

你抢人家的麦，人家就抢你的命，因为在官场，话语权是最要紧的。老左后来差点被小人整死，幸亏咸丰是个清醒人，指示大臣肃顺：“这姓左的有能耐，别计较他做人的毛病，让他出去带兵吧。”又指示郭嵩焘：“你那个姓左的老友，都四十好几的人了，再不放他出去干活，精力就衰了，适当的时候放这小子出来干一干。”还算领导英明，让脾气暴躁的老左保住了命，又逮着干事业的机会。

老左还有一毛病，喜欢吹嘘成绩。老左最大的成绩在如今看来当然是收复新疆。历史记得清楚，人民记得清楚，他老人家自己也记得很清楚。“文襄（左宗棠）好自誉其西陲功绩，每见人剌剌不休”，有一回，江苏官员潘季玉向他汇报工作，结果口还没开，老左就开始回顾他收复新疆的光辉历程，讲到日上三竿，侍卫上茶，老左一声“送客”，把想要汇报的潘干部给打发走了。第二天，第三天，还是如此，潘干部基本就是听左老爷子开讲收复新疆的英模报告，汇报基本上就废了。

某年，李鸿章写了份关于加强大清帝国海防建设的报告，出于尊重，让人拿过去给左宗棠过目。老左翻了一页，讲了几句海防，马上扯到西边国防，好家伙，文件也不看了，光顾着给大伙讲新疆的战斗事迹，讲得“拍案大笑，声震旁室”，一天下来，就看了一页。第二天继续，又看了一页，还是憋不住讲新疆，讲到听众们用手支着下巴，昏昏入睡，“皆支颐欲卧”，文件也就再没翻到第三页了。

当然，左宗棠的心情是可以理解的。整个晚清，真正拿得出手的成绩，大概也就是他和老曾儿子曾纪泽的收复新疆、伊犁了，怎能叫我们的左英雄不乐呢？

心理探源

考试塑造了不同的性格

曾国藩既做了大事，又没得罪人，在当时几乎是个完人；老左做的大事和得罪的人，都是一大把。二人为何如此大相径庭呢？从外因来看，关键还是考试，古代公务员考试。

老曾只重读一届就考上了，28岁就去京城当公务员了，过早进入中高层的人容易变成精英，曾国藩这个考场的幸运儿每天做的功课无非就是读书，修养，待人接物，把自己往精英的层次靠拢。

晚清愤青代言人

老左就没老曾这么幸运了，重读6年都一直是举人，总入不了进士这个圈，老进不了精英阶层的人容易变愤青。考场官场不得意的人，很喜欢给自己鼓劲，生怕别人瞧不起自己，因此左宗棠喜欢说出格的话，“喜为壮语惊众……尝以诸葛亮自比。”在长期的逆境下，左宗棠的性格反而被磨砺得相当强势，容不得别人侮辱和蔑视。其实，他心理有时很脆弱，到四十岁时，他连个副科级都不是，不免对家里人吐露：哎，看来我得像姜子牙那样被万岁爷梦到，才能有幸出头了。“非梦卜夐求，殆无幸矣”，连个副科级都不是，皇上在睡梦中翻一百遍身都梦不到你老左呢。所以，当他进入湖南巡抚幕僚时，那种专断的工作作风，其实是饱含已久的工作热情的发泄。

当然，评价历史人物要触及灵魂深处。老左的性格本来就是个愤青性格，《清史》说他对于列强的态度就是“锋颖凛凛向敌矣”，因此，晚清的愤青都是以左宗棠为老大和偶像，“士论以此益附之”，舆论都站在他这一边。

左公不看列强的脸色，列强倒是很在乎他的脸色。老左巡视吴淞口，经过上海时，西方各国马上为其竖起龙旗，还鸣炮欢迎，一路上迎接引导，很殷勤满谨慎的，“迎导之维谨”。

既然是愤青性格，对敌人像秋风般无情，你要他对办公室同事忽然换个嘴脸，像春风般温暖，这个急拐弯有技术难度，老左做不到啊，还请历史学家多多包涵，多多理解。

更何况左公与这些同事战友极有可能存在路线上、工作模式上的差异，例如主张放弃新疆的李鸿章，例如在外交上主张“以学问自敛抑，议外交常持和节”的曾国藩。

清史也说他的性格缺陷是“好自矜伐”、骄傲、喜欢夸耀，不过在那个积贫积弱的时代，有那么一个强势的人物，替我们的民族出来骄傲夸耀一番，也算是给当时积贫积弱的晚清帝国补补钙吧。我们要为这样的“好自矜伐”起立鼓掌。

结语：从左宗棠的遭遇来看，我倒是感叹咸丰的用人之明。他明白老左不是个混办公室的人，而是带团队做业务的精英人才。尽管咸丰在位时，中国失去的领土最多，但由于他对左宗棠的正确安排，让中国的版图没有失去广袤的西陲，美丽的天山。

对业务人才最大的摧残就是，将其困在人事的淤泥河里，任凭小人来乱箭穿身。

汉朝也限牌　副丞相变卖家产养车

十多年前看过一部电影《黑金》，梁家辉演的黑社会老大开会，一小头目迟到，老大问他为啥迟到，小头目答："堵车。"老大又问："开什么车？"小头目答："马自达。"老大不屑地说："怪不得你堵车，原来是开马自达，开马自达的人没资格在我们这里开会，请回吧。"

估计这位小头目在黑社会这个职场混得不怎么样，用什么车就反映你处于什么样的地位，车的等级差了，开会时连个位子都没得坐。人在职场奋斗，有很多目标，其中买豪车好车就是物质指标之一，不然心里真堵。然而，买了豪车，就不堵了？也一样堵。不仅汽车如此，马车也如此。

我们来看看汉朝的状况。

特使陆贾　吹嘘汉朝"车流量"

车辆的拥有数量，也是一个国家或者地区经济繁荣与否的标志之一，古代也如此？大学的时候读《史记·苏秦列传》，那个叫苏秦的无业游民去游说齐宣王参与抗秦联盟，为了增强信心，让齐国领导人觉得凭借自己的实力是可与秦国对抗的，苏秦大肆宣扬了齐国这个沿海国家的繁荣富强，从工商业到军工业，到娱乐业，列举了各方面的指标，其中很重要的一项就是：齐国社会的车辆拥有量很大，尤其是在首都临淄，市区的车辆拥挤到了车轴与车轴摩擦，你的车头顶着他的车尾，他的车轮扛着我的车轴的地步，"临淄之涂，车毂击"。

言下之意就是：就凭你们齐国手里拥有这么多车，还怕什么秦国。车多就是强国，这是外交家苏秦的逻辑，而且也被齐宣王所认同。

到了汉朝，经过伟大的诛秦革命和楚汉革命之后，大汉帝国在一穷二白的基础上开始建设，内战的直接后果就是：社会上的车辆拥有量急剧减少。

国家元首的总统专车，想要配齐清一色的马匹都不行。国家虽然穷，物力艰难至斯，但统一大业不能马虎，当时的南方，正盘踞着秦帝国的残余武装势力赵佗军团。

赵佗似乎在策划一汉一越的政治分裂版图，但他毕竟是河北人氏，心存中原，在这个事关统一或分裂命运的紧急关头，汉朝中央政府派了特使陆贾前去进行统战工作。当时国家很穷，在物力方面没有什么可炫耀的，但再穷也不能耽误统一，陆贾部长为了让赵佗回到统一的原则上来，他不惜将大汉帝国未来的繁荣景象预支到当下来描述："人众车舆，万物殷富"，其中重要的一点就是：汉朝的车辆拥有量很大。由于信息不对称，赵佗也就信了：人多车多，能不强大吗？从而放弃分裂立场。在维护统一方面，"车"这个指标，立有不朽的功勋。

当然，陆贾部长也不是开空头支票，他明白，在休养生息政策的引导下，经济的成长前景是可预见的，车多是迟早的事。果然，整个国家老老实实休养生息，官不折腾民，民不骚扰官，也没想过以大型建设和开发来制造经济增长点，汉文帝连建个露台都想了又想，居然放弃，在这种"萧规曹随"的保守主义经济政策下，经济居然发展起来了，内需也刺激起来了，大家有钱了，就去买车，当然买的是马车。

淘汰率高　汉朝车型更新频繁

豪华车走俏

没想到，大汉帝国也堵车了，从西汉堵到东汉，从长安堵到洛阳。最重要的是，统治阶层的心也添堵。

当时的路面状况如何呢？西汉的路面状况，我没有找到直接的描述，但从用车情况可见一斑，最明显的现象就是用车标准在放宽，豪华车在普及，本来规定国家元首用的车，可地方上的省长，京城里的高官子弟，也敢用了，司马迁就记录："车服拟于天子"，用车能跟国家元首相比。

牛马车舆　填塞道路

原来只有老大可以用，如今你也用，我也用，原来首都地区就一辆悍马，如今悍马跟白菜一样多，路面的拥堵也可想而知。到东汉，更有直观的记录，当时的王符教授说：牛车和马车，塞满了道路，"牛马车舆，填塞道路"。估计王教授去上班的时候被堵得厉害，故而有此叹。

还有一个很明显的现象，可能是因为消费者对车辆的需求花样翻新，当时的车辆产销频率相当快，车型淘汰率也很高，当时的经济学家指出"车不累期"，用车还没用够时限，就淘汰了，车主再追新的车型。

车多了，广大的有识之士却忧虑起来，倒不是担心空气污染，虽然拉马屎会臭一点，但也不至于破坏臭氧层，汉朝人老实，不至于像当下某些专家拿人打饱嗝放屁会破坏环境，因而要收"放屁税"来讹人。

当时的有识之士主要是担心普通官员和老百姓车多了，尤其是豪华车多了，就不会把上级官吏放在眼里，从而危及整个社会的管理架构，你想想，你皇帝开的无非是劳斯莱斯，我一个当大臣的还开布加迪威航呢，谁比谁差呀？用车标准放开了，那种对上级的亵慢之心也就产生了。

在一个封建威权社会，老百姓不怕当官的，官小的不怕官大的，这社会怎么运转啊？

因此，广大的有识之士、社会精英提出要限制马车的使用，在汉昭帝时期举行的全国经济工作会(盐铁会)上，就有会议代表提出“节车舆”的口号。

其实在之前的前任国家元首汉武帝，已经对车辆进行课税，提高用车成本，其实是等于间接限制使用，但似乎效果不算大。

汉武帝时期，制定了民间车辆的课税标准。除了公用车辆和军用车辆，民间用车和商务用车是要交税的，一匹“马力”的民用车，每两千钱中交税一百二十个大钱，一匹“马力”的商务用车，每两千钱中交税二百四十个大钱，按这个比例算，车越豪华，交税越高。

偷漏车马税要罚没财产

交的税费贴补国用，因为前线正远征匈奴呢。税费太高，咱偷税漏税行不行？不行，成本太高。

当时的大法官张汤提议：谁敢偷漏车马税，罚没车主车辆和家产，还要上前线当一年兵。

然而，国家调节用车的效果不是太明显，用车标准还是往豪华型方向发展，当时的豪华型用车叫“侈车”，经济型用车叫“俭车”，“侈车”的市场空间越来越大，可能当时的各家“4S店”以豪华车型为主打产品。

而当时的有识之士和经济学家喊出的“节车舆”口号，主要是针对豪华型用车的，社会风气如此，面子观念强的车主自然也是咬牙支撑，艰难度日，正所谓有房有车，一贫如洗。

作为汉朝的官员，肯定是有私家车的，中央干部更不用说，而且用车有等级方面的限制规定，不能降级使用车辆。你是部级官员，就不能用厅级官员的车，否则开出去都不好意思跟人打招呼。

为养车　御史大夫吃糟糠

年薪二千石　养车占一半

既然官员不能降级使用车辆，而汉朝的用车市场，是朝着豪华型发展的，养车用车，那费用不是一般的贵。那时候的车辆动力不是石油，是马，真正的“马力”车，而马的费用如何？

司马迁说“马一匹则百金”，则是汉初的用车“油费”，到汉昭帝时候的全国经济工作会上公布的数据表明，一辆豪华车一年的费用为一千石粮食，那时候的一石相当于现在的27市斤，也就是27000市斤粮食。

在这个数据的基础上，我们来看看一位苦不堪言的中央官员级别的车主。这位车主叫贡禹。贡禹先生级别很高，是汉元帝时候的御史大夫，这个官职是可以顶替丞相用的，年薪是“中二千石”，也就是比二千石稍高，大概是2160石。听起来挺吓人的，可把用车费算进去，就更吓人了：一辆车年用费一千石，可贡大人一年的工资奖金也就两千石，养车养掉年薪的一半。

那么大一辆豪华车放在家里，一年吃一千石米，人的胃口就得节省了，堂堂副丞相家里，居然吃“糟糠”，穿得也清凉，都是短衣服。而且这费用还不能节省，因为是什么级别，就得用什么级别的车。

既然养不起车，那就整点灰色收入吧？可怜贡禹先生是位清官，只能硬碰硬用年薪养车。他有一回向皇帝诉苦：领导啊，为了养这辆破车，我卖了家里一百三十亩田呢。

正是基于养车之苦，贡禹先生对社会上的豪华用车标准极为痛恨，他甚至发出这样的狠话：全国的车辆拥有量，应该减掉三分之二。“乘舆服御器物，三分去二。”这都是给养车逼出来的狠招。

结语：忍不住要向汉朝那位养不起车的御史大夫致以崇高的敬意，致以历史的敬意，致以民族的敬意。

养不起车的官员，于私而言，不是成功的车主，但于公而言，绝对是好官员。

唐朝也有人逃离北上广

逃离“北上广”其实是关于职场生存环境的一场迁徙，一场纠结，中心城市虽云好，奈何非吾乡，房子买不起，职位升不上，户口入不了，再加上女友结婚了，新郎不是我，呜呼，不如归去，可归去又如何？家乡已没了我的地盘，三径就荒，行囊空空，拼爹也不是强项，徒增乡老耻笑，还是“北广上”发展空间大，于是乎，回流……

每个朝代都有自己的“北上广”地带，唐朝的“北上广”当然就是长安、洛阳，有个叫李愿的读书人在长安的职场混得很边缘化，于是就心灰意冷找到当时在唐中央高校机关里当老师的韩愈，说自己想逃离，问韩老师的意见。当时也混得不好的韩老师怎么说呢？

“穷挫”吐槽：长安混不好 想去郊区

李愿同学找到韩愈老师，大概说自己混得实在对不起大唐帝国，给大唐帝国金领白领的职位平均水平拖后腿了，四十岁了还是个科员，在这长安城里实在没法待了，想去边缘地带过日子。

韩老师问李同学去哪里，李愿说，这地方有点远，在太行山以南有个叫“盘谷”的地儿，我在那里有套房产（估计均价不到长安的十分之一）。那地方没什么CBD（中央商务区），也没大型娱乐场所，但是土质好，不含铅，水质也好，不用漂白粉就能直饮，绿化也挺不错，是真正的芳草园，万亩果园：“泉甘而土肥，草木丛茂”，虽然交通不便，不通地铁，也没BRT（快速公交系统），但闭塞有闭塞的好处，省心，韩老师，我想住那里去，您给我拿个主意。

韩愈老师问，说说你的理由吧，为啥舍此繁华地段去偏僻地段。要知道，这个叫盘谷的楼盘和长安相差有几百公里，在今天河南的济源县。

李愿首先陈述了长安“北上广”人士在职场上的得意之态。李愿说：韩老师，您看这长安城里的成功人士啊，都是我大唐帝国的精英人物，能给基层子民带来福利和好处，自己也美名远扬，“利泽施于人，名声昭于时”。这些成功者们坐在高层办公室里，帮着当今老大搞策划，发命令，想要谁进谁就进，想要谁退谁就退，“坐于庙堂，进退百官”；每次出外，警车鸣道，军警开路（不好意思，唐朝没有警车，这里只是为了让大家便于理解），“罗弓矢，武夫前呵”，当真是雄赳赳气昂昂，跨过长安城；生活供应上不用自己操心，早就有相关工作人员替你满街跑；高兴了就给人加工资涨薪水，不高兴了就让人没好果子吃，“喜有赏，怒有刑”；一大帮名校毕业生和高智商的金领都围在他们面前，引经据典，变着法儿说着让他们高兴的话，这些吹捧水平很高，居然听了让人不觉得烦，“才俊满前，道古今而誉盛德，入耳而不烦”。想想看，一帮精英排着队在你面前，攒足了他们几十年读书所得来吹捧你，你得有多得瑟啊。

李愿又进一步描述了大唐管理层的家庭生活。李愿如此说：成功人士家里不止钱多，美女也多，小二小三小四小五……一个个眉毛弯弯，脸颊丰满，“曲眉丰颊”（那时候估计不兴做瘦脸，看看画像中武则天杨贵妃的脸就知道），穿的是最名贵的时装，走的是最轻妙的猫步，那声线，唱也好，说也好，都那么动听，“清声而便体”。

这些美眉有了成功人士做依托，平日里什么都不用干，无所事事地住在豪宅里，一天到晚用后宫的思维盘算着如何打扮，如何争宠，想着法儿要男人泡她，“列屋而闲居，妒宠而负恃”。

李愿同学酸溜溜地描述了以上成功人士的成功生活，当然，在大师级的韩老师面前，李愿也不敢卖弄自己的清高，他说：韩老师，其实我也不是说鄙视他们的生活（连荣华富贵都没享受过，很难说有资格鄙视荣华富贵），作为一个有血有肉的人，我也羡慕荣华富贵，不过人各有命，我命里头注定不发达，我也就认了。

唐朝人也向往自然醒

李愿在认命之后，于是描述自己所向往的非“北上广”生活：咱住在偏僻的郊区，不用坐电梯就可以登高，因为空气中没有颗粒，因此能见度好，看得远，“穷居而野处，升高而望远”，坐在茂密的大树下，用泉水冲凉。山里有野菜可以采着吃（希望不要采到毒蘑菇），水里有鱼可以钓上来当美味，这鱼肯定不含铅。

不用完成业务，不用加班，每天睡到自然醒，想怎么睡就怎么睡，一切行动都围绕着舒适与否展开，“起居无时，惟适之安”。

咱也不指望什么功名利禄了，与其生前有人唱赞歌，不如死后没人骂，“与其有誉于前，孰若无毁于其后”。与其身体获得快活，不如心灵获得解脱。虽然没资格坐在宝马车里哭泣，但至少不会因为官场风险而丢了吃饭的家伙。

在谈话的最后，李愿坦承了自己苦逼的心情：韩老师，好歹咱也是个有文化有品位有追求的人，可每天在那些达官贵人的门口伺候着，看见他们来了，想迎上前去吹捧，可羞耻和良知拽着我的脚步和嘴唇，让我想迈步又羞于迈步，想要开口又羞于开口。

而且风险系数又高，万一傍错了人，还得赔上名誉和性命。在这种非人的状态下生存，到死才能罢休，这样的人生境地，混得好和混不好，又能如何呢？

韩愈也曾一时冲动 想去三线城市发展

李愿同学吐完槽，韩老师立即对他的选择作出了正面评价，并且积极鼓励他逃离大唐帝国的“北上广”，去二、三线地区过自己想过的生活，韩老师说：李愿同学，盘谷有你的物业，而且可以种庄稼，省了买菜买米的钱。水源方便又清洁，不用担心每吨涨多少钱。地方荒僻有荒僻的好处，没人来跟你争地盘哄抬房价，“盘之阻，谁争子所”。地方幽静，而且可利用面积大，“廓其有容”，不用担心分摊。治安也好，不用担心狼虫虎豹、坏人歹人和黑社会。

最后，韩愈老师似乎要用行动来支持李愿同学的逃离行为，他很高调地说：给我的马儿喂饱了草料，给我的破车加好油，俺老韩要和李同学一起去盘谷郊区发展，一辈子都在那里快活。原文就是“膏吾车兮秣吾马，从子于盘兮，终吾生以徜徉”。

不过，韩愈老师的态度又是矛盾的，他的另一位朋友董邵南也想离开中心城市前往河北发展时，韩老师又不太赞同，希望董同学能继续留在中央地带发展。

结语：韩愈老师也不厚道，他鼓励李愿同学去二、三线地区发展，自己却还留在大唐帝国的一线城市打拼，终于熬到部级干部的位置。可见，当时对李愿的期许，只是他一时心情不好，借题发泄而已。李愿要是真的听了他的撺掇，那还不是给耽误了？

在北上广打拼的“矮穷挫”，当有韩愈那样的老师劝离你时，你可真要慎重考虑，要多问问，问什么呢？问自己的理想。

注：以上文字是对韩愈名篇《送李愿归盘谷序》的演绎，本人有所发挥想象。

名士诸葛亮VS凤凰男曾国藩

中国的家书，也是一种教育体制，写得好，能变成教材，不只跟家人分享，还跟天下人分享，不只跟当代人分享，也跟后来人分享。这有个前提，写家书的人必须在职场混得很成功，成功才有说服力，曾国藩家书在上世纪初卖得一版再版，主要是因为办湘军，办洋务，鏖战长江那一番惊天动地的大事业，给他的书打了最好的广告。诸葛亮也喜欢写信，“非淡泊无以明志，非宁静无以致远”是他家书中的招牌用语，淡泊也好，宁静也罢，后人能点击亿万遍，还不是诸葛丞相那番风云事业，给这两句话打了广告？

我很喜欢读以上二公的书信，不过，过去读的是励志，如今读的是职场心态，不同的职场心态，有不同的文风。

曾国藩家书：凤凰男喜欢开讲人生课

说曾老师是凤凰男，半点也不过分。曾老师从穷山冲走到北京，走到南京，走到侍郎，走到两江总督和中堂大人，真是标准的凤凰男版本奋斗道路。

通过考试成功的凤凰男喜欢谈考试，又借着自己考试成功的经历好为人师。你看凤凰男曾老师，通过考试落户北京，当了公务员，生活还不错，道光二十四（1844）年，在北京前门内西边碾儿胡同租了二十八间房子，月租三十串钱。五月十二日，觉得生活很幸福的凤凰男，给家里弟弟写了封信，已是翰林院侍讲的他，在信里头唠叨的却还是考试那点事。他想起五年前那次千军万马过独木桥的

“高考”，感叹“幸而早得科名，未受其害”，说自己幸亏早年就中了功名，没有复读，不再被那些年复一年的八股复习教材毒害，这明显是考试后凤凰男那种心有余悸的精神状态。

各位早年厮杀过高考独木桥的60后、70后，不知道有没有同样的心路历程，直到今日，还经常梦见自己参加高考，或者狂做复习资料。

凤凰男喜欢谈考试

自己考试成功了，为显示谦卑，却喜欢安慰别人，老曾也时不时露出这种看似谦虚，实则得意的凤凰男心理，他说：亲爱的兄弟们，不要被一张考试卷子耽误了你们的终身，我所寄希望你们的，不是在于能否考取功名，“奈何亦以考卷误终身也”？“吾所望于诸弟者，不在于科名之有无”，不要老盯着一张试卷，而是“当务其大者远者”，做人要大气些，在功名时代，考不上功名，你又能大到哪里去，远到哪里去？自己过关了，却劝还在这条道路上苦苦挣扎的人要超然，这是明显的凤凰男口吻。

成功的凤凰男，话特别多，爱唠嗑，谈学习方法，谈人生境界，谈奋斗目标。还是上文提到的道光二十四年，当时的老曾才33岁，人生历练还不丰富，但因为官场混得太顺了，急于要和远在家乡的弟弟们分享自己的喜悦，老曾同志一再给家中写信。我查了一下，除了这一年的五月十二日，老曾还在八月二十九日，九月十九日，十月二十一日，十二月十八日给家中弟弟去信，发帖子上瘾，都成“家书控”了。

除了第一封信问点家中近况，报告自己在京近况外，其他讲的都是凤凰男心得，都是曾老师给弟弟们上函授课。例如九月十九日写的信，其实信里头就两件事：赞许四弟与一个叫刘霞仙的人一起读书，读书不长进不能归咎于自己生活的地方太小太封闭，“是不得归咎于地方之局促也”，就是要弟弟们不要计较什么重点学校。

很简单的两件事，被凤凰男老曾牵扯出很多的人生大道理来，什么“苟能自立志，则圣贤豪杰，何事不可为？何必借助于人？”老曾坐在京官的位置上，讲这番话自然不腰痛，但是对于窝在穷乡僻壤的人来说，这番话是当不了饭吃的，不借助于人，真是事事难为，弟弟们还指望你拉一把呢，“何必借助于人”全是忽悠话。

后来这些弟弟，全是靠办湘军的老曾拉上来的。

给弟弟们开课引抗议

至于读书不要选地方选学校，这话也不靠谱，老曾，想想你的老对手全哥（洪秀全），就是因为没有读名校，没有名师指点，结果读书老是一根筋，过不了大考，只好自己创业搞太平天国。

把老弟们教训了一番，老曾又痛心疾首地说，咱爹死得早，我这个做哥哥的没能教育好你们，这是我最惭愧的地方。接着又说，别人跟我打交道，都能被我教导好，“他人与余交，多有受余益者”（也不脸红？），就是你们几个弟弟不长进，我“深愧”又“深恨”，老哥我再给你们一个机会，我这次给刘霞仙也寄了一封信，你们把它拷贝一份，也好好学习学习我的讲话精神（还是不脸红？）。

在京城里当厅级干部的老曾，隔三岔五写信给弟弟们上课，弟弟们也被恶心得不行了，于是集体联名写信抗议：老大啊，我们不想听你嘀嘀咕咕上课呀。老曾的脸皮厚度还是有限的，收到抗议信后，也觉得脸红，于是停了家书函授课。

《曾国藩家书》节选：学问之道无穷，而总以有恒为主。兄往年极无恒，近年略好，而犹未纯熟，自七月初一起，至今则无一日间断。每日临帖百字，抄书百字，看书少亦须满二十页，多则不论。自七月起，至今已看过《王荆公文集》百卷，《归震川文集》四十卷，《诗经大全》二十卷，《后汉书》百卷，皆朱笔加圈批。

清道光二十四年十一月二十一日与诸弟书

曾氏励志：爱爆炒　爱加料

曾氏家书是剁椒鱼头

凤凰男的家书口味很重，重就重在励志上，老曾会围绕励志这个课程加很多的“油盐酱醋”，将一盘“励志菜”炒得色香味俱全，让励志男们吃了又想吃。

例如讲艰苦朴素，孝悌谨慎，这本是件很清淡的事，老曾却能炒得花团锦簇，热热闹闹。我们读他在道光二十九年写给弟弟们的信：

“吾细思凡天下官宦之家，多只一代享用便尽，其子孙始而骄佚，继而流荡，终而沟壑，能庆延一二代者鲜矣。商贾之家，勤俭者能延续三四代；耕读之家，谨朴者能延五六代；孝友之家，则可以绵延十代八代。”

老曾会包装呀，对官二代富二代的热闹繁华，他迎头一桶冷水，用只能延续一两代的冷言冷语，将一团火热浇灭了；而对“谨朴”“孝友”之家，他就狂添柴火和佐料，将个枯燥清淡的道德说教炒得火热，而“可以绵延十代八代”的诱人前景，就是他添加的柴火和佐料。读家书的人，被这个“十代八代”、千秋万代的前景所诱惑，就会热血沸腾，发誓要孝友持家。

例如讲读书，咸丰八年八月三日写给儿子曾纪泽的信，说的是读书要深刻体会其境界，要亲切。老曾这位做爸爸的，生怕儿子不能明白他的教诲，用尽了很多“佐料”来让“读书”这盘菜津津有味，而这些佐料就是比喻手法。什么“如春雨之润花，如清渠之溉稻”，“善读书者，须视书如水，而视此心如花、如稻、如鱼、如濯足”，比喻一大箩筐，尽是些花呀、稻呀、鱼呀的景象，好似听孟庭苇的歌，让励志男们觉得读书是件很有美感的事情。

重口味其实也是单调的口味，摒除其他任何味道，在某一个味道上猛下工夫，爆炒到极致，就好像路边摊点的炒米粉。例如在官场做人是件很复杂的技术活，老曾却重火猛炒一个方面，将这件技术活炒得很可口。有一回老曾的弟弟曾国荃来信抱怨同事们的脸色难看，老曾马上回信批评他：别人脸色难看，归根到底先是你自己脸色难看。言下之意似乎就是只要自己脸色好看了，别人的脸色也跟着好看了。在这里，老曾分明是将复杂的问题简单化，将清朝官场人事关系这条臭鱼，用辛辣的剁椒包装起来，成了可口的“剁椒鱼头”。老曾和卡耐基一样，善于爆炒一些简单的道德原则和处事细节。

因此，读老曾家书，会越读越上瘾，励志男和凤凰男，眷恋这点重口味，觉得老曾的成功不只是可以复制，简直可以复印，于是老曾的家书卖了一版又一版。如今的凤凰男成功学演说之所以盛行，大家都是追着这点重口味去的。

其实，老曾的成功绝大部分是在现实中历练出来的，等他把成功写到纸上时，可能已经没了原味。正如郑板桥画竹，眼中之竹非笔上之竹，笔上之竹非纸上之竹，这么高明的画家，画竹都难免变形，曾老师的成功心得，恐怕也是现实的成功不等于嘴里想说的成功，想说的成功又不是写在纸上的成功，都变形好几次了。

例如老曾在家书中反复强调“诚”字，老曾以诚待人又如何呢？当年他在江西带兵，有个开皮包公司的人找到老曾，说可以购买一批物美价廉的军火，老曾信了他，拨了一笔款给他。手下都劝他不可轻信，老曾很自信地说：吾以诚待人。结果，这个开皮包公司的拿着巨款一去不复返，老曾气得絮絮叨叨："我以诚待人，我以诚待人……"可见，这个"诚"字写在家书上容易，做起来简直是部血泪史。

诸葛亮家书：口味清淡　清蒸鲈鱼

老曾的家书是剁椒鱼头，味重，诸葛亮的家书却是清蒸鲈鱼，味淡。

最短的只有19个字

诸葛老师的家书首先很简短，不拿架子，尤其是写给兄弟们的，完全不讲大道理。例如写给兄长诸葛瑾的家书，介绍自己八岁的儿子诸葛瞻，"瞻今已八岁，聪慧可爱，嫌其早成，恐不为重器耳"，前后19个字，简直是微博中的微博，无非说儿子八岁了，资质聪明，但担心过于早熟，担不了大任，讲到这里戛然而止，对儿子的赞许以及担忧都在19个字当中，但让人总觉得诸葛丞相话太少，应该还总结一两条让我们学习学习，但诸葛老师就是不讲了，再多话就不是诸葛老师的风格了。我猜，换上老曾来写，肯定抑制不了嘴痒痒手痒痒的毛病，说上一大堆"聪慧"与"重器"之间的关联，比喻例证格言全用上，爆炒一番自己的育儿心得。

诸葛亮的大儿子诸葛乔是从哥哥那边过继来的，诸葛老师定期向诸葛瑾汇报阿乔的成长情况，有张便条介绍说：阿乔本来应该分配到成都工作，但是我决定让他锻炼锻炼，跟大家一起运输军粮，要和将士们同甘共苦，"宜同荣辱……与诸子弟传于谷中"。诸葛老师就是清淡简练呀，他不再去阐述什么高干子弟必须和广大官兵打成一片的道理，37个字之后，什么也不啰嗦了。

最长不过90个字

诸葛亮的家书也有教育子侄外甥的，最著名的《诫子书》全文不过90个字，放在微博上，还可以输入50个字。诸葛亮信手写来，句句都是格言，好似很多美玉串联起来。至于怎样才能宁静，怎样才能致远，不说了，不写了，再说再写，就好像在珠宝串联成的项链上夹杂石头。

诸葛老师的《诫外甥书》，也不过90个字，里面的格言如“志当存高远”，“弃细碎，广咨问”，做人要有远志，做人做事不能有太多杂碎夹杂在里面。用这个标准来衡量老曾的家书，确实显得有点“细碎”。

原因：出身不同　时代不同　境界不同

老曾是凤凰男，成功而热心的凤凰男，总是有太多太多的话要说，有太多太多的经验要传播，感慨万千，写家书自然就详细，具备细节。况且家书的对象是山区僻壤的农家子弟，觉悟较低，眼界不宽，不写详细些，他们就不明白，不写得口味重一些，他们就不会奋发或者惊醒。

反之诸葛亮呢，别看他和曾国藩一样曾经待在草庐里，他可不是凤凰男。曾国藩的家族在草庐（不一定是草庐，借指农舍）待了几百年了，大家急着要出去，当然励志口味要重一点；诸葛亮家的草庐是临时搭建的，他老爸是太守，叔叔是名士，他自己也是名士，是暂时待在那里的，刘备三顾茅庐去请他，那也不是件太令人吃惊的事，所以诸葛亮也不太强调苦读书，“观其大略”就行了。

如果诸葛亮也要参加科举考试，也要参加公务员考试，他就不会说出这样不负责任的话来。到曾老师那个时代就不行了，不苦读就上不了科举，难道还等清朝的皇帝三顾茅庐来请他不成？

老曾是一步步奋斗吃苦上去的，是自己主动向清王朝凑过去的，有一种农转非的激动，喜欢说励志的话；诸葛亮是别人向他凑过来的，一切顺理成章，如流水般自然，所以他为人比老曾淡定，写的家书也比较淡，三国魏晋时期的文风、世风，简约清淡，从诸葛亮便条式的家书，就可以看出后来《世说新语》的影子。魏晋风度，如今再也不能重复了。

当然，诸葛先生也不是一味清淡，也有《出师表》里重口味的“夙夜忧叹，临表涕零”，那是国家级大事，是在少东家面前表决心，当然不能再清淡了，如果太淡了，少东家还会怀疑你不负责任呢。

结语：年少时口味重，故而喜欢老乡曾国藩的家书，这种励志书有具体的细节，有看得见摸得着的训练步骤，总觉得曾公能如此，我也能如此；如今年满四十，忽然喜欢诸葛亮家书中呈现出来的那种清风明月、天高云淡的名士风范。凤凰男可为，真名士难得呀。

凤凰男心态没有错，错就错在你用这个眼光去扫描所有的群体，觉得大家都是你教育的对象，动不动就卖弄自己的苦难史、辛酸史、奋斗史，动不动就吆喝：老子当年如何如何。

当你这样做的时候，灾难和不幸就开始了。

诸葛亮《诫子书》

夫君子之行，静以修身，俭以养德。非淡泊无以明志，非宁静无以致远。夫学须静也，才须学也，非学无以广才，非志无以成学。淫慢则不能励精，险躁则不能治性。年与时驰，意与日去，遂成枯落，多不接世。悲守穷庐，将复何及！

注：凤凰男：指集全家之力于一身，发愤读书十余年，终于成为“山窝里飞出的金凤凰”，从而为一个家族蜕变带来希望的男性。

《岳阳楼记》背后的职场焦虑症

人在职场，谁无“鸭梨”，名人的“鸭梨”比凡人的大，名相范仲淹的“鸭梨”就是：“先天下之忧而忧，后天下之乐而乐”。

范仲淹老师的这“鸭梨”可大了，要赶在全天下人担忧之前而担忧，真正是宰相之器。然而，人的思想不是从天下掉下来的，范仲淹的这枚大“鸭梨”是怎么种出来的？这与他从小的成长环境有关，与他的母亲有关。

种“鸭梨”的人：范仲淹母亲

宋真宗祥符四年，1011年，山东淄州长山县，朱家大院。一群朱姓子弟在争吵。争吵的焦点在于用度问题，一个面目轮廓长得较柔和的年轻人，他叫朱说，现年23岁，以深深的焦虑对弟兄们说：咱爸攒下这点家业不易，兄弟们不要浪费。这样的话已经不止一次从他口中说出来了，谎言重复一百次成真理，真理重复一百次变絮叨。这时，一个朱姓弟子憋不住，说：“阿说，你一边去吧，我们自用朱家钱，何预汝事？”朱说本能地反驳：“我也是朱家人，怎么不关我事？”对朱说这句话的回答，是一阵哄笑和冷笑，一阵憋了很多年的哄笑和冷笑，在笑声的后面，是那种根本没有血缘亲情的陌生眼神。

此时，可能有个老家人拉着朱说的袖子走到一边，附耳而言：“公子，你这么大了，也该知道了，你不姓朱，本姓范，你不是山东人，本是苏州人。你两岁那年，你老父就不在了，是你妈妈带着你改嫁过来的。”

真相揭晓后的朱家大院，从暖春变为寒秋，从繁华变为洪荒，一砖一瓦，曾是那般温馨亲切，如今却不堪细看。于是，一张琴，一把剑，一种决然的心情，朱说同学南下了。

南下去哪里？去睢阳。

朱说不姓朱，到底他是谁？他是范仲淹。决然而去的路途上不是没有牵绊，范母派人急追这个已是“范跑跑”的儿子，范同学留下一番话：“妈妈，请给我10年的时间，我要把您接回范家。”范仲淹的“鸭梨”，从这里产生。对天下的焦虑是从对家庭的焦虑开始的。

范同学来到河南睢阳，他的周密计划要从这里开始，从这里的应天府书院开始。入书院读书，当然为的是求取功名，有了功名才可以堂而皇之解决自己的宗族归属问题。

感谢当时的大宋政府，应天府书院藏书数千卷，名师林立，是当时国家一等的综合性学院，居然是免费的！范仲淹赶着免费读书的好政策，在书院住下来了。考取功名，不只是个名声问题，还是个独立生存的经济问题，是认宗归祖的荣誉问题，背负着这么多问题的范同学，读起书来可不轻松。他必须得制定一个速成计划，把人家十年的学分缩短到五年学完，把持久战变成闪电战，这个叫以密度换长度，换取考取功名的最终胜利。

接下来，范同学进入魔鬼读书计划阶段。

范仲淹的“魔鬼训练计划”

人为拉长每天的时间。时间是海绵里的水，挤挤总是有的。范同学哪里是在挤，简直是在榨！“昼夜苦学，五年未尝解衣就枕。”基本上是和衣而睡。

苦读过的人就知道，冬天起床穿衣很费时间，先是被窝里热一热，然后穿一层停一下，这时间花在读书上多好，多读一页就早一天接妈妈回家，想到这个，还有心思安卧被中吗？

估计当时范仲淹睡觉的姿势是半坐半卧，就像握枪在壕沟里短暂休息的战士。

降低对味觉的要求，将所有的精力放在读书上。范同学苦读引起官二代同学的同情钦佩，于是打包送美味上门，结果范同学不领情，任由其腐烂掉。

对这件事情，不妨从现代观点进行解释：人生是有“味”的，而“味”的指标有限，在生活当中分布并不均匀，当你的“味”凝聚在苦读和苦做事业上时，就无法分到烹调饮食上去。

所以苦读，苦做事业的人经常啃几个馒头，吃一个外卖来解决三餐。实在没那个做饭做菜的心思，味不在其中矣！

降低对新鲜事物的好奇感，将好奇感集中在读书上。“两耳不闻窗外事”是句贬话，其实，真的要求学问，做大事，人生确实有一段不闻窗外事的时期。范同学想到自己的遭遇，想着要改变命运，十万火急地读，谁也不能打断，哪怕皇帝老子来了也不能干扰他。

有一年，皇帝还真的来了。1014年，宋真宗经过离书院不远的商丘，那时候没有电视，国家领导人的真实相貌也是个稀罕事，于是大家哄拥去看，也拉着范同学去看。范同学倒是淡定，说：“过些日子再看，不迟。”过了些日子，27岁的范仲淹考取功名，被宋真宗单独接见，还真不迟。

“鸭梨”遍天下

经济独立的问题解决了，要解决家庭问题了。29岁那年，范同学恢复本姓，正式上任时接回了母亲，从此世间已无朱说，范仲淹成了他新的马甲。

范仲淹对于自己解决问题的方式很是自负，他写诗云："乡人莫相羡，教子多读书。"如果事情发展到此为止，那么，范仲淹也无非是个境界很狭隘的自了汉而已，他之所以名扬天下和千古，是因为他善于把这种家庭"鸭梨"扩而大之，扩大到整个家族，整个天下。

范仲淹母亲当年携子改嫁，主要是出于经济原因，想找个人维系他们母子的生存，经济上不能独立，就无法保持姓氏的独立。范仲淹想到自己曾有可能成为异姓家族的一员，可能出了身冷汗，他在《续家谱序》里说："追思祖宗既失前谱未获，复惧后来昭穆不明。"一个"惧"字，看得出"鸭梨"。"鸭梨"产生焦虑，焦虑产生责任感，于是他办起了针对范氏家族的慈善业，也就是义田。他自己说"乃创义田，计族人口数而给之"。按照人头发给生活费用。

范老师当了西部军区的军政大员，薪水高了，便买了千亩良田。在农业社会，耕地是最有保本功能的基金，而且能稳定生息，所以成为慈善业的首选。宋朝钱公辅的《义田记》对义田的分配有着翔实的记载。

难能可贵的是，范老师的"鸭梨"没有局限在范家，以母亲改嫁为耻的他，并没有忘记继父的养育之恩。庆历五年，也就是他写《岳阳楼记》那一年，范仲淹打了个申请书，请求把自己的高级职称转赠给已过世的继父朱文翰，他深情地说继父对自己"既加养育，复勤训导"，如果他对恩情"此而或忘"，那么"己将安处"？自己的脸往哪搁呢？

更难能可贵的是，范仲淹并没有停留在读书求功名、孝顺父母、光宗耀祖的层面上，他的"鸭梨"跟志向成正比，在家庭中栽种成长出来的"鸭梨"，其清香一直蔓延到整个天下。这个孩子要拯救天下人，于是发动“庆历新政”，整顿吏治，消除冗员，节省开支，减轻徭役，勤修武备等。

来自家庭的“鸭梨”，演绎成一场在史上留名的大变革。

了解了以上关于范仲淹成长的心路历程，我们就不难理解《岳阳楼记》里的“先天下之忧而忧，后天下之乐而乐”和“微斯人，吾谁与归”的感叹，一“忧”一“乐”，就是“鸭梨”的具体表现。当时是庆历五年，庆历改革开始失败，范仲淹心中的焦虑可想而知。

结语：“先天下之忧而忧”其实就是范仲淹心中的“鸭梨”，是一种焦虑。他的焦虑从自身发展到家族，发展到天下，一路背负越来越大的“鸭梨”从家庭突围到职场，再从个人职场突围到天下职场。他成了名相。

适度的焦虑，其实是事业心、责任心的表现。所谓的要有平常心，只是对无所成就者的虚假安慰。人要成就，不能没有“鸭梨”，不能没有焦虑。这种情绪，能激发潜能和智慧。

第六章

要混好　最终靠脑子

尽管时代会坑爹，尽管成败很偶然，但有副好脑子，或者能借用好脑子，永远都没错。

诸葛亮的楼盘抄底思维

东汉帝国是个大楼盘，价格两百年来一路走高，高楼价导致高反弹，有一家名叫黄巾的民营公司，发誓要把楼价从“苍天”上揪下来，于是打起“苍天已死，黄天当立”的营销口号进入楼市来搅局。

为阻击“黄天”资本，其他各路资本也纷纷涌入，一番角逐，虽将“黄天”资金逼出市场，但也把总部打蔫了，各路小商家分割了东汉大厦，市场一片乱象，正等洗牌。

楼市往何处去？本来应该是社会精英、专家（包括砖家）的事，关屁民何事？让人意料不到的是，最权威最精确的看法，却来自一位27岁的学生，他自己住的还是农民宅基地——草庐，却对东汉楼市的走向了如指掌，他的观点后人称之为“隆中对”。

刘包工头和诸葛学生指点天下楼盘

最伟大的市场策划方案《隆中对》的聘用方和制定方，并非来自学术权威，或者当时的管理高层，而是来自当时两个处于边缘化地位的市场小人物。

聘用方：包工头刘备，虽然早入市，但一直在包工头的位置上没有挪窝。出身民间手工匠的他，在市场上的营销口号是“匡复汉室”，“信（伸）大义于天下”，这些口号和当前某些三流公司要做全行业前十强的味道差不多，听一听也就算了，当不得真。

刘包工头也曾差点混到一流商家的地步。因为人品好，徐州大厦的拥有人陶谦，将徐州这套大楼盘转让给他，他抄着个人情底，可惜吕布来了，刘老板心肠软，将自家的阳台——小沛，让吕布在这里搭个铺，没想到吕布却占了客厅、厨房、书房和所有卧室，喝令刘老板去住阳台，第一次楼盘抄底未成；后来第二度抄底进驻徐州大厦，只可惜手头资本小，拼不过曹操的大资本，沦落到向刘表租楼盘——新野，第二次楼盘抄底又未成。

都47岁的人了，还在包工头的层次混饭吃，新野这个小楼盘，还是租来的，不说跟人家曹操比，就说26岁的孙权，人家都在东吴大厦少东家、东吴子弟兵总司令的位置上坐了好几年了。

事业做不顺，一定是缺少好策划。刘包工头正闷着，徐庶跟他说："有个叫诸葛亮的八零后，会搞企业策划，你去问问他。"刘备说："行，你叫小伙子赶明儿来我公司见见面。"徐庶说："八零后不比六零后，人家是soho设计师一族，没怎么把老板放在眼里的，你最好自己委屈一下，登门拜访吧。"刘包工头答应了。

制定方：山东移民、青年学生诸葛亮，也是位边缘化人物，是大汉帝国的官N代。诸葛家的官一代是诸葛丰，是监察，年薪两千石大米，手下有1200马子；发展到诸葛亮老爸诸葛珪，好歹也是太山郡的地方一把手，可惜死得早，诸葛老爸的死，让这个家族开始边缘化。叔叔诸葛玄被袁术任命到江西去做太守，正高高兴兴带着阿亮弟兄几个去上任，结果被朝廷换人了，只好灰头土脸来荆州投靠刘表。从太守府沦落到南阳隆中的农民宅基地，诸葛家族挣扎在繁华楼市的边缘地带。

就这么一个边缘化的刘包工头，和这么一个边缘化的官N代，凑在一块，居然要对天下楼盘指指点点，还要搞策划，不笑死人吗？天下这么多精英做出这么多精致的策划，轮得到你们来指手画脚吗？

看这场隆中策划会是怎么个情况。

策划：用排除法选定抄底目标

大概是公元208年的春季吧，一场民间草台班子式的楼市策划会议，在隆中的宅基地里举行。包工头刘备首先发言："我大汉帝国的楼市崩盘了，那些个用心不良的经理人，夺取市场的发言权、话事权，恶意操作市场(汉室倾覆，奸臣窃命)，我虽然是个无德无能的包工头，但我实在想在纷乱的市场上弘扬正义，想让市场走向正轨，可惜我的智商跟不上志向，在市场上一直只有挨打的份(而智术短浅，遂用猖獗)，您给我搞个策划看看(君谓计将安出)。"

曹、孙没底可抄

好的市场策划首先要轮廓明确，不要纠结在具体繁琐的数据当中。诸葛同学打开笔记本，鼠标在市场格局图上轻飘飘地掠过，轻描淡写地描述了一番乱象："从董卓这个寡头倒台以来，各路资本涌出，大小不等，或多或少地占据着数目繁多的楼盘(豪杰并起，跨州连郡者不可胜数)。"紧接着，诸葛同学从这个纷乱格局中跳出来，而不是让刘包工头一头扎进黑压压的数据当中去。他用鼠标双击选中黄河以北的一块楼盘，然后截图放大，大比例显示在屏幕上，上头飘着一面"曹"字旗帜。

诸葛同学首先分析北方楼盘的形势："这块楼盘本来是袁绍总经理的，曹阿瞒集团作为一家不知名企业，能够迅速并购袁氏集团，从弱做强，靠的不只是市场形势(非惟天时)，也是他们的策划比人强(抑亦人谋也)。如今的曹氏集团产业行情一路上扬，资本雄厚，而且还借壳原来的大汉楼盘董事会，打着总部的旗帜主持市场局面，对其他不隶属的公司发号施令(挟天子而令诸侯)，这个楼盘正在高位，我们动不得。”

说着，诸葛亮在这一块上用黑体打出一行字来概括应采取的方针：“此诚不可与争锋。”

分析完北方的楼盘，诸葛同学将北方楼盘的截图最小化放到窗口位置，然后又点击长江南面的一块楼盘，截图放大在屏幕上，那图上面飘扬着一面“孙”字旗帜。诸葛亮进行市场分析：“这一块楼盘也是行情往上走，无底可抄，孙氏集团在这里经营有三代了，江东楼盘位置好，市场忠诚度又高，而且人力资源丰富（国险而民附，贤能为之用），所以不能作为市场竞争对手，而是作为市场合作方看待。”诸葛同学分析完，又用黑体字在这一块上面打上一行字：“此可以为援而不可图也。”

一个“不可与争锋”，一个“不可图”，这可是两盆凉水淋下来，刘包工头的楼盘在哪里？别急，这是诸葛同学的排除法，要想找到市场，就先要排除不可能的市场，接下来才目标明确，用力专一。

最关键的策划：有市场高度才能抄底

否定的方案做完，接着进入肯定的方案。诸葛亮删除掉两块不可能的市场后，鼠标双击荆州，截图放大，诸葛同学说：“刘老板，这才是您的楼盘。荆州是栋好宅子啊，南北都通水，北边有汉水、沔水，南边一直通到南海，可谓活水环绕；这楼盘交通又便利，往西边，坐几站地铁就到巴蜀站，往东边，几路公交车就到东吴站，哪边都是透气的活路。有水有路，当然是活跃的市场中心（北据汉沔，利尽南海，东连吴会，西通巴蜀，此用武之国）。按照市场经济的规律，这是老天爷安排给您的，不知道刘老板您留意这一块没有。”

分析完荆州楼盘，诸葛亮将鼠标往左边横向移动，双击一块叫益州的楼盘，截图放大，这一块的地理等高线密密麻麻，说明楼盘位置比较高，诸葛同学又报告："益州楼位置高，处于市场的险峻高点，而且贮备地量大，又称'天府楼盘'（益州险塞，沃野千里，天府之土），当年刘邦董事长就是从这里捞到第一桶发展资金进入中原市场的，这块楼盘您要考虑。"

刘包工头觉得头皮发麻，为难地说："诸葛同学，你这么一分析，市场形势确实明朗了，不过，荆州楼盘和益州楼盘都是有主的盘，而且人家经营得不错，看不出跟我刘某人有啥关系啊。"

诸葛同学马上使坏了："按照我的市场观察来看，一块楼盘能不能抄底，不光看它当今的走势，还要看它的老板是个啥素质，董事会处于啥状态。就说荆州楼盘吧，总经理刘表同志因为健康问题，好久不露脸了，曹操的卫星都拍不到他的行踪；我的消息来源是可靠的，因为总经理夫人蔡女士是我岳父黄承彦先生的小姨子，荆州董事会骨干成员蔡瑁，管刘表总经理叫姐夫，也叫我岳父姐夫，这个我还是有把握。刘表总经理正在为少管家归谁而苦恼，他们迟早会失掉这个楼盘（而其主不能守），刘老板您可要留意好啰。还有益州楼盘的董事会情况，大老板刘璋有个最大的缺点：暗弱。看不清市场形势，这叫暗；管不住一帮员工，这叫弱。益州楼盘的附加值高，住户富裕，却没有良好的管理，尤其是一大帮博士生硕士生没事干，闲着无聊，等着新的老板去重用他们（民殷国富而不知存恤，智能之士思得明君），刘老板您人品又好，要是占了这两块楼盘，前途不可估量啊。"

紧接着，诸葛亮放下笔记本，站起来，鹅毛扇一挥，在刘包工头面前展开一幅宏图："如果刘老板您淘到了这两块楼盘，自己站在了一定的市场高度，对方的底部方可以显示出来，这时就要赶紧抄底中原大厦，一旦市场有波动（天下有变），就命令一个业务骨干从荆州楼盘出发，抄底宛、洛楼盘，将军您带领总部从益州楼盘出发，抄底秦川楼盘，几个楼盘打通一气，连成一片，那就复兴了我大汉帝国地产霸权和王业啊（则霸业可成，汉室可兴矣）。”

刘包工头顿时眼前有了方向，心里有了动力，当下拍板：“诸葛同学，如果您不嫌弃的话，我刘某重金聘用你为汉室复兴市场策划，办公室就叫‘水创意办公室’，我的办公室就叫‘鱼创业办公室’，我的创业动力全靠‘水’来激活（孤之有孔明，犹鱼之有水也）。”

至于怎样才能抄底第一家楼盘：荆州大厦，就在这一年市场发生巨大变化，曹操送来一份重礼：赤壁大战。

结语：诸葛亮的抄底方案更多的是瞄准人事方面的因素，他认为刘表的家族闹继承人矛盾，刘表将不能长久持有荆州；刘璋不具备董事会老大的眼光和魄力，终究要失去手里的大资本。底部不是在荆州益州的市场走势上，而在管理层的状态上，这是值得借鉴的。

游击队队长刘备和待业青年诸葛亮的职场形态，和总论天下楼市的这种职场形态，实在是格格不入，却得出了很多精英人士所不能得到的正确结论，所以说，高贵者最愚蠢，卑贱者最聪明，这话虽然偏激点，但也道出了一部分真理，广大的草民们，可别看轻了自个，在台上唾沫四飞的，未必是龙，卧龙他在民间呢。

李清照父亲是楼市预测高手

公元1105年，北宋有个叫李格非的干部，翰林学士出身，发表一篇关于洛阳地区的房地产报告书，报告书名曰《洛阳名园记》。他对当时大宋的西部都城洛阳数十个豪华型住宅和园林进行取样分析，然后结合了数百年来洛阳地区房地产的走势，得出了一个看空的结论，这个结论22年后果然得到证实。

李格非是谁？就是李清照她爸。

这篇报告究竟说了啥，究竟精确到什么程度，我们来拜读一下关于这个报告及其总结，也就是《洛阳名园记》和《书〈洛阳名园记〉后》。

报告总结书主题

国家兴衰看洛阳 洛阳兴衰看房产

报告总结书的开端也不摆什么数据，也不分析大宋央行的最新政策，而是开门见山地讲洛阳的地理位置："洛阳处天下之中"，处于国家的中心地段，怎么样的中心地段呢？有肴山和渑池这样的险阻，是陕西和甘肃的要害，是河南与河北的必经之地，从地产意义而言，是一块处于中心地段的旺地，因而具有很强的指标意义，全国的政治经济形势，都以洛阳这块中心地段为指标；而洛阳地区的形势又以什么为指标呢？是以洛阳的房地产为指标。

李格非是个悲观的看空者，对于中心旺地洛阳的走势，他很悲观，认为经济中心的位置必然导致也是战争的中心位置，是各种军事力量的必争之地，"盖四方必争之地"。

有事则洛阳必受兵

国家没事的话还好说，但如果基本面动荡，政治经济形势不稳定，发生军事冲突，那么洛阳必定是军事冲突的第一波及地段，“天下当无事则已，有事则洛阳必受兵”。

在报告总结的第二部分，李格非老师讲述了过去洛阳房地产兴盛时期的概况，时间段是在“唐贞观、开元年间”，也就是大唐盛世时期，当时的官僚和贵族在洛阳地区兴建豪宅、别墅和园林的，据说有上千所。数据上显示的规模很宏大，就个例而言，这些楼盘也豪华到超乎想象，例如唐朝政府的执政内阁首脑牛僧孺首相，在这里就建有归仁园，据李格非的报告书考察认定：此处楼盘占有整个洛阳的一个街区那么大，大概有四五百亩地的面积，换算成当今的计量单位就是：30多万平方米。

这可不像某些房地产广告，把毫不相关的什么花园果园也扯到自己楼盘里来，归仁园的果园花园那可是自个拥有的，而且也不会忽悠住户一番，然后拔了树木花草再建楼盘。当然，那是唐朝，素质跟现代人不一样。

当时的楼盘林园设计相当科学精致，报告书提到了一处名为“湖园”的楼盘，是唐宪宗时期的名相裴度建的，它的设计做到了六个兼顾：在规模宏大的同时能保持幽邃的气氛；人工而不伤天然，虽然都是人力造出来的，却有古朴的特质；虽然园内水池瀑布多，但不妨碍进行整体上的眺望。这个楼盘，当年白居易也来考察过。

当然，白居易老师在这里也有自己的宅子，名为“大字寺园”，根据白居易自己的记载，该楼盘居住面积五亩，园林面积十亩，绿化也很到位，“有竹千竿”。能有这样的豪宅住，当然乐观啦，干吗不叫自己为“白乐天”呢。

讲到这里就不啰嗦了，也没必要替一千多年前的唐朝卖房地产广告，报告书罗列这些情况，只是说明：处于中心旺地的洛阳，确实是豪宅云集之地。这么多政界军界商界的重量级人物，将宅子选在这里，当时洛阳的地价房价可想而知。

然而，愿景并不因为一时的繁华而走好，对于房地产，不能光考量地理因素、政治因素和经济因素，放长了考量，还要考虑到战争因素。

洛阳房地产和唐朝国运相始终

八世纪中期，郭子仪、李光弼军队与安禄山叛军的决战，就是在洛阳一带展开的。战况对于洛阳楼市的破坏，报告总结书里有简单介绍：楼盘里的绿化地段，例如“池塘竹树”，都惨遭军用作战车辆践踏，变成了废墟；而那些建筑物也在战火中“化而为灰烬”，唐朝这个政权的基本面不好，洛阳的楼市也跟着下跌，甚至走向毁灭，李格非感叹洛阳的楼盘“与唐共灭而俱亡”。

总结书在这里概括了一个规律：房地产的走势，就是洛阳兴衰的象征，“园囿之兴废，洛阳盛衰之候也”。然后，进一步总结：国家的基本面好不好，就看洛阳的基本面好不好，洛阳的基本面好不好，就看洛阳的房地产市场。

形势好不好，看中心地段，中心地段好不好，看房地产。总结出这条规律，李格非老师说明了自己的意图：我做这份报告不是闲着没事干，而是事关天下兴亡的，“则《名园记》之作，予岂徒然哉”？我难道是白白地写这篇报告吗？

报告人心理剖析

担心宋朝楼市重蹈覆辙

楼市有个衰而复兴的过程，它往往跟政治经济战争这些基本面紧紧相扣。唐朝和五代的战乱过去了，洛阳楼市跌到谷底，又慢慢上拉，关于这个缓慢的恢复过程，我就不赘述了，到了宋朝，和平再次降临中心地段，洛阳的豪宅楼盘又旺起来。

报告书中讲到，北宋的保守党党魁司马光教授，在洛阳就有一处楼盘：独乐园。不过，这处楼盘比较小，"卑小不可与他园班（比较）"。反映了园主清廉的品格。不过，这么一位保守党党魁都在此置业，洛阳房地产的行情可想而知。

宋朝上了级别的领导干部，一般都喜欢在东京开封城上班，去洛阳休闲度假，如果政治上失意了，更喜欢待在洛阳进行休假性退休，司马光在这里待了15年，完成了超长学术专著《资治通鉴》。还有保守党的精神领袖之一，范仲淹变法的老搭档：富弼。富老也在洛阳置业，楼盘叫"富郑公园"。洛阳首富董老板的楼盘分为"东园"和"西园"，人走在里面会迷路，"而屈曲深邃，游者至此往往相失"。

李清照外祖父拥有洛阳最大楼盘

而更重要的是，房产调查报告书的作者李格非，与这些园林楼盘的关系也很紧密，李格非老师的老婆，李清照美眉的妈妈就是洛阳大楼盘环溪楼盘业主，大宋状元王拱辰的孙女。这样的身份很利于李老师进行楼盘的考察。李清照外公家的环溪宅院，"宏大壮丽，洛中无逾者"，洛阳城里没有能比得上的，一个厅子里能坐几百人，简直是个大舞厅，开大型派对没问题。布局也利于观瞻，可以看得清洛阳十几里风景和皇家宫殿的千门万户。

然而，李格非并没有被眼前的繁华地产景象所迷惑，他似乎很悲观，是什么使他对北宋的楼盘悲观呢？在报告总结书里他这样分析：如果大宋王朝的官吏们放纵自己的一己之私，心里没有装着国家，天天将心思放在自家楼盘园林上，前景恐怕……李格非似乎看到洛阳楼盘的基本面不太好，这种基本面上的隐患可能殃及到洛阳那些富丽堂皇的园林。

因此李格非做出很悲观的预估：照这样下去，宋王朝的大员们想要退下来在洛阳享受生活，还有可能吗，唐朝末年的跌落局面恐怕又要在洛阳重演，“欲退享受此，得乎？唐之末路是已。”

这是一份极其悲观的关于北宋楼市的报告书，李格非老师的身份虽然和这些豪华楼盘捆在一起，但没有违心唱多，而是客观地提出了自己的担心。什么叫专业眼光？什么叫人文精神？这就是。

报告发布20多年后，金兵铁蹄踏入中原，洛阳的花花园林，豪华楼盘，又像报告总结书中所言“化而为灰烬”。李格非的专业眼光受到业界的肯定,《宋史》就这么评价：“其后洛阳陷于金，人以为知言。”后来洛阳陷落金兵之手，大家都认为李格非有精确的预测评估水平。

结语：李格非的洛阳地产分析报告之宝贵之处在于，他能从宋王朝官吏的工作状态，也就是从职场状况，看到国家基本面，从而从基本面唱空当时的楼市，并且将当时还不可见的战争因素考虑在内，因此这份地产报告书能管二十多年。一个国家的经济形势，其实也能从国家政务人员的职场状况看出端倪来，吃皇粮的个个敬业，经济形势不会坏到哪里去。

报告书发布的当年，李清照21岁，报告书应验的那年，李清照年过40。从周旋于洛阳的豪宅大院，到流落烟雨江南，李清照对故国的怀念，恐怕不只是那里的山河大地，应该也包括洛阳她外祖父那豪华壮丽的楼盘。

两把铲子起家的唐朝首富

财富就和罗马城一样，条条大路都可以通向它，而这些道路未必都是阳光大道，很多都是羊肠小道，或者看上去是一条绝路，甚至本来就不是道，却让心有巧思的商人走出一条道来。这大概就是所谓的商道吧。

我们今天来看看唐朝的商人在财富的征途上，是怎样从小路走出大路，从没路走出路来的。

案例一　将瓦砾场改造为金银库

唐贞观年间，有个叫裴明礼的山西人，没听说他有多能耐，倒是有个爱好，喜欢收集破烂，“收人间所弃物”，积攒多了就卖掉，久而久之积下了一笔财富。发了小财，要不要继续做破烂王，在原有产业上继续做下去，开一家捡破烂连锁公司？裴明礼的心思可不在这上面，他的眼睛瞅准了长安城金光门外的一块荒地，荒地上堆满了瓦砾，价很低，“非善价者”，卖不起价，估计地产商都没把这地当盘菜。裴老板还是用捡破烂的思维，将这块地贱价买下来。

地到手了，要清除满地的瓦砾，这是个棘手的问题。劳驾搬运工？不行，这得算算成本：人工若干，垃圾堆放费若干，清理费若干，还有长安市政府环保部门管理费若干……

不行，这成本太高了，得想个既能搬走瓦砾又不太费钱的法子。裴老板有办法，他策划了一个“垃圾大灌篮”有奖活动，就是在荒地里竖起一根根土式篮球架，就是一根根杆子上挂着筐子，然后宣布："谁把瓦砾扔进筐子的，有奖。""垃圾大灌篮"活动获得了长安市民和郊区农民的热烈响应，他们不计报酬，不辞辛劳，来到瓦砾场，一次次地，十有九次徒劳无功地往篮子里扔瓦砾。有奖活动进行得轰轰烈烈，荒地上的瓦砾在群众性活动中，不知不觉地清理光了。而裴老板付出的成本无非就是付出"有奖垃圾大灌篮"的奖品，而"大灌篮"的命中率才十分之一。

瓦砾清除光了，接下来经营什么呢？放牛放羊！裴明礼将这地盘出租为畜牧业基地。仅仅赚放羊佬的租金吗？非也，过了几年，遍地都是牛羊粪，裴老板就将果核撒在地里，用牛耕耘翻地几遍，第二年，果树长出来了，一车一车卖到市场上去；赚钱了，又盖房子，院子里养蜜蜂，果树开花，蜜蜂传花粉，各项生产活动与商业活动良性互动，奏出一章财富的交响乐。

裴老板后来受唐太宗赏识，走入仕途，一直当到太常卿，专门管国家大典仪式的。

点评：以上是《御史台记》里面的故事。裴老板最大的特长在于善于塑造创富工具。一块堆满瓦砾的荒地，在裴老板的蓝图上，经过一次又一次的塑造，从荒地转型为牧场，再转型为果树苗培植基地，最后塑造成集果树、蜂蜜和出租为一体的大型农业集团。塑造盈利工具，也是商人的巧思之一。

案例二 从破鞋中找经商成本

裴老板是唐朝初期的企业家，到唐朝中晚期，又有个叫窦乂的传奇创富人。当窦老板还不是老板的时候，也就是他13岁的时候，他有个舅舅在地方上长期当干部，后来调回首都长安，这个舅舅从地方上带来十几车地方特产——丝鞋，分给外甥侄儿们。窦乂的那帮堂兄弟姐妹和表兄弟姐妹们，看见鞋子就是鞋子，纷纷上去争抢礼物；窦乂却看见鞋子不是鞋子，能从鞋子上看出其他的东西来，他冷冷地站在一旁不去抢礼物，等大伙争抢完了，还剩下一车，窦乂就要了这一车鞋子，在大伙不解的目光中，推着车子去了市场，贱卖了五百钱。这是窦老板的第一桶金，也太小了点，能做什么呢？拿着这点小本钱，他居然买了两把铲子，拿铲子干吗？别急，十三岁的小窦同学还干了件让人更不解的事，当时正值五月初，长安城里到处飞榆荚，小窦似乎闲着没事干，便拿着扫把满街去收集榆荚，收集了十余斗。

捡种子捡出林业生意

两把铲子，一大堆榆荚，窦乂到底要干什么？接着他去找他的伯父，窦伯伯是朝廷里的官，检校工部尚书，手里掌管着一块地——长安城嘉会坊街区的一处宗祠。窦乂跟伯伯说："伯伯，侄儿我想借住您名下的宅子，用功读书。"那宗祠反正闲着也是闲着，况且年轻人读书也是件好事，窦伯伯也没多想就答应了——还是朝中有人好做生意啊。窦乂提着铲子，背着几袋子榆荚来到嘉会坊街区的宗祠，也没读书，却开垦院子里的荒地，他掘出一条条宽五寸、深五寸的浅沟，挖出来四千多条，把榆荚种下去。

原来窦乂是想发展林木种植业！生产工具——两把铲子，是卖鞋子的钱挣来的，生产资料——榆树种子，是免费扫来的，生产基地是通过亲戚关系搞过来的，这三个因素缔造了小窦的梦想——经营林木种植。榆树长出来了，窦乂进行筛选淘汰，剪除掉那些看上去不中用的树苗，让树与树之间的间隔距离为三寸，"相去各三寸"，但这些被淘汰的也不是一无是处，可以卖到木炭市场上去；剩下那些茁壮的，就可以苦心经营。五年后，树成材了，粗大的卖到建筑市场上去，用来建房子；枝杆大的，卖到车厂去做车辆生产原材料。这么一下来，小窦义赚到了四万钱。

点评：窦义的长处在于，他能把生活中任何一种跟自己有关无关的现象，都当成一种商业的媒介。亲戚送鞋子，兄弟姐妹们之想到是弄双新鞋子而已，他却想到以其赚到生意工具——两把铲子，长安城里漫天飞的榆荚，在诗人眼里是满天飞的诗意，他却看到了木材生意的萌芽，而且是免费的原材料。商人总是透过无厘头的事情现象，看到财富的本质。

经营奇迹：将军院子里的大树也砍下来卖

小窦义应该算是一个很成功的木材生产商和经营商了，然而，窦义是个有创业雄心的人，这点小树苗之类的生意，根本容纳不了他滚滚滔滔的商业壮志。接下来，他把目光投向了京城里那些个高官的宅子。窦义下一步计划是什么？

长安城里住着个大将军，叫李晟，是一代名将，这可以说是当时军界的老大，当时他的官阶是太尉，而且还兼丞相职务，朝廷里的重要公报签字，他是有份的。而他的儿子大家可能都知道——就是那位雪夜奇袭蔡州的李朔。这么重要的政界军界人物，跟小商人窦义有啥子关系呢？

且说李太尉的宅子旁边有个小宅子，传闻闹鬼，既然闹鬼，当然就卖不出去。窦老板却看中了它，超低价买下来，然而拆了原来的房子，将木料、瓦砾归类堆放起来，窦义这样做是想重新建房子吗？非也，因为，他打听到一个很重要的消息：李太尉想要买下这栋宅子，改建成一个马球场，“晟欲并之为击球之所”，李太尉听说有人先下手了，于是派人去跟窦义谈判，要买下他手里的宅子。窦义故意卖关子，没答应。李太尉毕竟不是高太尉，也没把窦义咋的。

过了几天，窦乂却亲自到太尉府上拜访，拿出房产证来，恭恭敬敬送上去，很豪爽地说："小的我本来想把这套宅子借给一个亲戚住，不过呢考虑到这套房子比领导您的宅子高，小老百姓的，天天在自家阳台上俯视您的院子，这也太不尊重领导的隐私了，今儿个小的我就把这套宅子免费孝敬给将军您啦。"

无利不早起，李晟是何等精明的人，他马上意识到窦乂有所求，于是问："窦先生有什么需要我尽点绵薄之力的吗？（不要某微力乎？）"窦乂却把关子卖到底："将军别说这话，日后有事我再来麻烦您。"一转身，窦乂就找到工商界的巨头，问他们："各位，你们有什么子弟在朝廷需要照顾的吗？"这帮奸商也明白窦老板的意思，委托他去跟李太尉打通关节，窦乂一一记录下来，造了个表，这张名单可贵了，想要登记上去，每个名字需要二十万贯钱，收钱的当然是造表人——窦乂。然后，窦乂将名单交到李晟将军那里，李晟都答应了，通过自己的权力将名单上的人都安排了好位置，"各置诸道膏腴之地重职"，在各个土地肥沃的地方安排了要职。

故事讲到这里，应该可以打住了，窦乂不是个良善商人，扯出李太尉出来玩权力寻租的游戏，他利用免费送球场，租借李太尉的权力，为自己赚取财富，无论是在唐朝，还是在今天，都是非法的，是要坚决抵制的，本人只是讲讲反面故事，大家千万别当真。所以我还是来讲讲他合法致富的事儿。

同样是个将军，中郎将曹遂兴住在长安市崇贤街区，院子里有棵大树，正好遮住了客厅的光线，曹将军想砍掉，可这树已经到了树大根深的地步，砍伐的时候就怕操作失误砸倒堂屋，曹将军正烦恼的时候，窦乂找到他，愿意替他解决烦恼。

曹将军乐了，表态："窦先生，我把树贱卖给你，你该怎么着就怎么着，我的要求就是既能把树弄走，又不影响我的居住环境。"这等于是外包了，窦义用五千文钱的超低价买下这棵树，然后请来专业拆除队，将树一段段进行区隔，按照从树梢到树根的顺序，将这个大家伙平平稳稳地拆卸了，砍成二尺多长的若干部分。这些小木材段子拿来干吗呢？当然不能卖做柴火，要加工，要有附加值。窦义早就想好了，根据锯下来的形状，做成骰子，卖到赌场。从木头变成骰子，从原材料变成加工品，附加值比购买价升了一百多倍，也就是说赚到五十万钱。

结语：商人的眼光往往是最直接的，裴明礼也好，窦义也好，他们刚一接触到某些具有商业盈利潜质的外界事物，就立刻在脑袋里完成了一份商业可行性报告书。从瓦砾场到农业畜牧集团，从一车鞋子到木材经营，中间隔着不知道多少曲折，裴老板和窦老板却一眼从原始状态看到它的商业终端形态，然后果断地一步一步将看到的过程变成现实，于是，商业奇迹实现了。

什么是眼光，就是能从事物最初的状态，一下子看到最终的状态。什么是经营，就是果断地按照眼光所预测到的一步一步去做，去实现。智慧不是曲曲折折的，而是压缩了很多曲曲折折之后的直线，在职场做，能做到这个地步，你想不发达都不行。

两千年前的金融工作会议

大汉帝国中央官僚集团的职场形态如何？只是每天规规矩矩的上朝？有事早奏，无事退朝？非也，这个帝国上层的职场形态也有各类会议，例如金融工作会议，我们来模拟一下会场：

金融辩论大会现场

正方：财长桑弘羊

反方：来自全国各地的60多位代表

主持人：总理大臣田千秋

会议记录人：桓宽

公元前81年，农历二月，大汉帝国首都长安虽然寒气逼人，但全国人民的心是火热的。因为，全国经济工作辩论大会在首都召开，来自全国各地的60多位民意代表（文学贤良）云集于此，与当时的老财政部长桑弘羊进行一场经济政策大辩论。在后汉武帝时期，经济路线到底是延续原有的计划体制，还是放权于民，搞市场化，是此次辩论的焦点和重点，也是唯一点。

至于会场外，有没有人打着横幅高喊“代表们加油，我们为你站台”，有没有人在街头大打出手，互相扔皮鞋揪头发，我想大汉帝国是高素质时代，人民不屑于搞肢体政治，想必是没有的。但全国人民翘首以盼那是真实的。

汉昭帝为大会做数年筹备

汉帝国已故领导人汉武帝刘彻，为了集中力量办大事，尤其是击败北方的军事集团——匈奴，采用桑弘羊的主张，实行盐、铁、酒专卖，完全由国家掌控经济，充实国家财政力量。此政策带来两个结果。良性结果：帝国军力壮大，击败了夙敌匈奴，换得了国家尊严，解除了边境军事威胁。恶性结果：民生凋敝，人口急剧减少，官吏利用计划体制徇私舞弊，民间治安恶化，刑事犯罪多如牛毛。

刘彻在任期间深刻认识到自己政策的消极作用，诚恳地向全国人民做了深刻的检讨，并在检讨书中允诺实现政策的转变。

继任领导人刘弗陵秉承前任领导人的遗愿，积极实施政策转轨，为盐铁大会做了好几年的筹备工作，减轻个人所得税，派中央专员去各地方征集意见，访问疾苦，选举民意代表。

盐铁会议议程多，过程长，今天不多论，只就关于货币发行的金融内容做一个直播——

辩论记录一

重点防止贫富分化？自由发展民间经济？

正方观点：政府调控防止财富兼并

财长桑弘羊（正方）：各位代表，你们来自民间，应该清楚，如今贫富分化已经是一个无法绕过的问题、难题。为什么有贫富分化？就是因为民间存在兼并现象。善于投机钻营的，投机倒把之流，拥有百人以上的资产，一辆玛萨拉蒂就相当于几十个人一年的薪水；老实巴交的，安分守己的，连吃饭的本都不够（智者有百人之功，愚者有不更本之事）。一群人的富裕，妨碍了另一群人的生存。有人家里的好酒好肉好米百年吃不完，有人吃着酸菜窝窝头都觉得好幸福。个别人富裕了，国家就不能集中力量，就不能团结。个别有钱的大爷，仗着自己财大气粗，软硬不吃，给他官职，他不稀罕，绳之以法，他用钱买刑期，不怕。这样的无法无天，政府不插手行吗？

所以我认为，为了防止兼并，政府必须掌控经济命脉，限制过剩的私人财富，调节供应不足的人家（制其有余，调其不足），政府必须堵死一切攫取过剩财富的途径，然后老百姓们才能家给人足，贫富均匀。

反方观点：官方垄断导致贫富分化

民意代表（反方）：财长先生，你的观点完全是颠倒了贫富分化产生的因果关系。

当今之所以贫富分化，就是因为官僚系统缺乏道德的血液，忘记了恭让、礼义这些自夏商周就已有的美德，拿着国家发的薪水，却还要与民争利（食禄君子，违于义而竞于财），以大吞小，所以造成了你所说的有人积存百年粮食、有人却食不果腹的惨况。自古以来，有俸禄的人不从事任何生产商业活动，不通吃天下之利，《诗经》说得好：“田里的麦穗，不能全收割光了，要遗留一些给那些贫穷的寡妇。”就是说不能把天下人的利益吃得一滴不剩（言不尽物也）。

辩论记录二

货币到底该由谁来发行？

正方观点：政府应该负责货币工作

财长桑弘羊（正方）：本人之所以实施新的货币政策，是为了适应发展的潮流。旧的货币淘汰了，当然要发行新的货币。看看货币发行史就知道：夏朝发行玄贝币，到周朝就发行紫石币，后来发行铜钱、刀币，一种货币终结，新的货币自然兴起。

如果政府对货币袖手旁观，后果将不堪设想，真币假币一起在市场流通，富了那些不知好歹的臣民，拿着财富显摆，败坏风气。

反方观点：不宜频繁推出新货币

民意代表（反方）：财长先生，您说的是一个伪命题，货币的功能在于交换。古代没有货币，我抱着布上集市，交换你的丝（抱布贸丝），交易就这么发生了，没钞票也行。可到了后世，花样多起来，一会金龟币，一会刀币，一会铜钱，货币政策变来变去，人心也变来变去，假币乘虚而入，作假越来越多（币数变而民滋伪）。咱们汉帝国继承了秦帝国恶劣的金融制度，数次变更货币，造成金融市场的混乱，其实，通过改变货币发行来应对已有的经济难题，就好像用火灭开水一般荒谬。

朝廷贪财，人民也学样，最后大家一起玩死（上好货则下死利也）。

正方观点：严格控制资本向个人集中

财长桑弘羊（正方）：各位代表，我不得不痛心疾首地提醒你们，如果将货币发行权下放到民间，后果将是十分严重的，不堪设想的。这种教训在咱们汉帝国早就发生过。

前任国家领导人汉文帝在任期间，民间具有货币铸造权、发行权，而且可以经营盐业，可以开钢铁公司。货币铸造权滥用的后果是什么？导致拥有经营盐权、货币铸造权的皇叔刘濞，在拥有强大经济资源和经济话语权的基础上，勾结东部地区的不法分子，发动了史上最可怕的七国军事叛乱，差点覆灭我们的国家政权。还有，前任领导人汉文帝的男朋友邓通（咱们汉文帝的性取向，不用多说，你懂的），拥有开采西山铜矿、发行货币的专利，结果呢，形成经济上的魔兽，导致西部地区的经济资源往邓通的方向流动，他们的货币盖过央行的货币，横行天下（吴、邓钱布天下）。多危险啊！

只有命令禁止民间发行货币，不法之徒才会敛手，大家安安分分做自己的那一份工(而各务其职)。货币发行权掌握在政府手里，金融市场才不会混乱，下面的人才不会胡思乱想(币由上，则下不疑也)。

反方观点：官方造币导致假币兑换真币

民意代表(反方)：财长先生，你睁开眼睛看看，历来的货币发行政策是何等的混乱无序。本来市场上的货币好好的，财物流通，大家高高兴兴搞交易。到您任上，废除旧币，发行所谓的白金龟龙币。

货币系统越来越乱，于是政府设立水衡官进行管制，结果呢？管制的目的达到了吗？钱币铸造机构偷工减料，造出来的钱，不是薄了就是太厚，轻的轻，重的重，一枚枚歪瓜烂枣似的。农民兄弟们闹不清新币的分量，就用旧币来衡量新币，只相信旧币，对新币忠诚度很低。新旧币之间的差异产生了利益空间，商人们用五成的好币兑换一倍的劣币(商贾以美贸恶，以半易倍)，到处是伪币换真币的牛皮癣广告。金融市场的混乱导致实质的通胀，买家买到的货物缩水，卖家丧失商业伦理(买则失实，卖则失理)。选择真币？影响货物流通，使用货币的人无比烦恼。

所以，我们大声疾呼，国家要放弃垄断经营，不要禁海，不要禁币，让商品自由流通。

结语：以上文字出自汉朝经济工作会议记录《盐铁论》，其议题，其口吻，如今看来是何等的熟悉，毫无隔膜。一些事情，我们以为是新鲜玩意，其实，几千年前，它就在上演了；一些争论，我们以为前无古人，其实这些命题，曾是地下那些白骨们喷过的口水。

经久不衰的国学热，为啥只重视四书五经，却忽视《盐铁论》这样经世致用的经济学巨著呢？此书既有文学深度，也有新闻力度，更有理论高度，孩提时代就熟读，长大后必受用无穷。

从木匠身上领悟宰相之道

经理人这个职业不是说在资本社会、商业社会才有的，有人群就有交换，有交换就有商业，有商业就有职场，有职场就有经理，这个是不能以社会形态来划分的。

古代的商业，比我们想象的发达，古代的职场经理，比我们想象的精明。

我们来看文学名家柳宗元笔下的唐朝经理人的故事。

印象：不会修床的笨木匠

咱先讲一个故事。唐宋八大家之一的柳宗元有个妹夫叫裴封叔，家住首都长安的光德里。我查了一下唐代长安图，发现光德里位于长安政治中心——皇城的西南边，与朱雀门相距不过两个街区，而且又紧挨商业中心区西市，放到今天的北京，起码应该地处二环之内吧，绝对不会跑到密云那样的地方去。

那时候的房价怎样呢？柳宗元正处中唐时期，有一个这样的例子：唐德宗赐给大将李怀光的外甥燕八八一千贯钱，也就是一百万钱，让他在长安城内买房子。既然是高干子弟，买套房子应该不会少于现在的一百平方米吧。这大概就是当时的房价了。

柳宗元妹妹、妹夫家住的房有多大？我想应该不小，因为他们有空房子可以租出去。

有一天，有人上门来租房子，这人姓杨名潜，自称是个木匠，来长安城干活，至于租金的支付方式，就是替屋主人干活。杨木匠的装备有点怪：有尺子墨斗，却没斧子锯子。裴封叔不免有点疑心，既然以干活的方式支付租金，那你杨木匠会干什么？杨木匠说："我会选材，会指挥工程，没我，就甭想建成一座房，我帮人家干活，拿的佣金是同伙的三倍。"这话说得不踏实，看来这人不踏实。

有一天，杨木匠睡的床坏了一只脚，杨木匠束手无策，居然说："早晚请个人来修理一下。"柳宗元正好在场，见此，笑道：原来是个只说不练骗饭吃的。

反差：指挥首都政府大楼装修

没多久，长安城的衙门要装修，按现在的理解，就是北京市政府大楼要装修。这个工程不一般，主持工程的绝对不能是平庸之辈。柳宗元当时是个京官，对于这样的工程肯定会目睹的。某天，柳宗元经过长安市政府大楼的装修工地，发现工地上堆满了木材，挤满了工匠，他们有的拿斧子，有的持锯子，都百鸟朝凤一般围绕着一个人。那人左手拿尺，右手拿棒，像个现代导演一般，指挥棒一舞："动斧子。"马上有工匠屁颠屁颠跑过去挥斧子；那人回首一举指挥棒："动锯子。"马上有工匠屁滚尿流去锯木。一群能工巧匠都看他的脸色，听他的号令，没有一个敢擅自做主。谁干得不好，一声怒斥，马上走人。那位指挥在墙上画设计图，一尺大小，把整个大厦的构造全表现得精确无比。若干日之后，工程完毕，却只署了一个人的名字，就是那个总指挥的名字，总指挥是谁？

居然就是那个在柳宗元妹妹家租房，连床都不会修的杨潜师傅！

升华：从木匠身上领悟宰相的管理方法

柳宗元老师在大叹看走眼的同时，做了这么一个理论高度的总结：这个连床都不会修理的笨木匠，原来是个做宰相的料啊。

原文就是："是足为佐天子相天下法矣。"值得宰相学习。

这个值得宰相学习的"法"是什么法？小木匠小包工头的法怎么和泱泱大国的宰相之法比？这个法就是管理方法。

天下之道都是相通的，木匠的法和宰相的法也是一样的。我们看柳宗元老师是怎么将木匠的管理方法往宰相的道道上扯的。

分工

木匠：杨木匠统管整个建筑或装修工程，手下一帮工匠各司其职，靠自己的手艺吃饭。

宰相：国家的事务，无非也像一个大工程一般，宰相统管着整个大工程，手下一帮郡守呀、县官呀、押司呀，其实也跟工匠呀、泥瓦匠呀、锯木工一样，听宰相的指挥，靠自己的"行政手艺"吃饭。

工作方法

木匠：作为工程的经理人，凭着自己画在墙上那几尺大小的设计图，指导实际操作，而完成一个个浩大的工程。

宰相：作为天下的经理人，心中也有一张图纸，看到城市的情况就能了解到农村的情况，看到农村的情况就知道城市的情况，看到自己国家的情况就知道国际上的情况，就好像杨木匠看到图纸的局部就能知道整个工程一般。我阐述得有点啰嗦，柳宗元的原文就13个字："视都知野，视野知都，视国知天下。"

指导原则

木匠：指挥工程的最高指导原则：绳墨规矩。

宰相：最高指导原则当然不是木匠手里的墨斗、量尺，宰相的指导原则是纲纪，法度。

提拔人，罢黜人，都是凭着纲纪行事。木匠手里是有形的墨斗、量尺、规矩；宰相手里是无形的墨斗、量尺、规矩。

工作风格

木匠：作为工程经理人，能摆正自己的位置，完全根据工程的需要和各雇工的特长来指挥全局，谁无能，就退掉，被退掉的人不会埋怨；谁能耐，就用谁，被任用的人也不会感激。工程经理人自己不炫耀，不显摆，不图名，不去亲手代替工匠的工作。

宰相：也是根据国家的需要来进行工作。哪个官吏无能就罢免，被罢免的人不会埋怨；哪个官吏能干，就提拔，被提拔的人也不会感激。

宰相自己不吹嘘，不好名，不去亲自操作下面百官的活。

总论：荣也经理人　辱也经理人

木匠和宰相的名誉

杨木匠主持完政府大楼装修工程后，他是唯一的署名人。

准确地执行宰相的功能，天下大治，天下人都会赞叹：“这都是我们相国的功劳。”而百官的勤劳不会记录下来。好像木匠只署自己的名，而其他工匠不会列名一样。宰相几乎是唯一的政绩署名人。

柳宗元的原文是：“相道既得，万国既理，天下举首而望曰：‘吾相之功也！’……其百执事之勤劳，而不得纪焉；犹梓人自名其功，而执用者不列也。”

其实，杨木匠和宰相都是职场经理人。杨木匠受雇于长安市政府大楼装修办公室。宰相虽说是万人之上，但毕竟还是有一人在他之上，这个人就是雇用他的皇帝。作为职场经理人要善于统筹，而不是手把手教员工去做什么。总指挥不能夺过工匠的斧子锯子自己操作，宰相不能坐在知县的位置上去操心一个县的事情。

如果一个经理人经常这样训手下："笨蛋，我恨不得亲手替你去做。"那么他的业务就悬了。《老子》早有评价："代大匠斫者，则希有不伤其手矣。"那个连床都不会修的笨木匠杨潜，如果真的不知轻重拿起斧子去做，不只会砍伤自己的手指，也会"砍伤"整个工程；宰相这样做就会"砍伤"整个天下；经理人这么做，就会"砍伤"公司的业务。

木匠心中要有墨斗量尺，宰相心中要有纲纪法度，经理人心中要有规划。否则就不知道做事的人谁能，谁不能。不知道谁能，就根据自己的喜好提拔人，被提拔的人就会觉得自己好侥幸，下次争取更侥幸；不知道谁不能，就根据自己的憎恶来辞退人，被辞退的人就会满肚子怨气。

结语：墨斗量尺与纲纪法度

经理人的管理水平和作风牵系着整个业务的成败。所以，大楼装修完了，只署包工头一个人的名；天下大治了，只感激宰相一人。其实，反过来可以这样理解：如果大楼工程失败，大家就把账算到包工头一个人身上；天下治不好，百姓和史书会把责任算到宰相身上。要么荣也归你，要么辱也全部归你。作为经理人，可不慎重？

有人问柳宗元，如果雇用他的老板总是喜欢干涉他的设计、调度，使他不能成功，那也能算他的过错吗？柳宗元回答：不屈吾道。不能拿着自己的原则去屈从老板的错误。听我的，房子坚固；不听我的，房子会塌。雇用方却偏偏要房子塌。那好，你塌你的房子，我保存我的职场经理人原则，卷铺盖走人。功成身退固然好，眼看功不成了，也要身退。

这个故事和这些感想被柳宗元写成一篇好文，名曰《梓人传》。

曹操与小人物的猫鼠游戏

今天我们来玩一个猫和老鼠的游戏，谁扮汤姆猫呢？曹操！“曹操猫”十万大兵守住一个小洞口，不让任何人出入。洞口是哪里呢？是冀州的邺城，袁绍大本营。

要在“曹操猫”严阵以待，几乎毫无隐蔽地段的情况下，谁来扮演机灵的杰尼鼠，在锋利的猫爪空隙中来去自如，毫发无损呢？

历史设置的杰尼鼠是——李孚。李孚是谁？对不起，好像没听说过。他有赵子龙的胆？有太史慈的勇？或者郭嘉、贾诩和诸葛亮的智？敢和“曹操猫”玩堵截和突围！我们且看发生在公元3世纪初的这场游戏。

游戏程序一

“曹操猫”围城　“李孚鼠”如何回洞

公元204年，河北老东家袁绍的遗像已经在墙上挂到第三个年头了，两个少东家——袁谭和袁尚窝里斗，打得不亦乐乎，老滑头曹操也破门而入凑热闹，来抄老袁家的底。

游戏设置两个点，哥哥袁谭所在点：平原；弟弟袁尚所在点：邺。袁尚从邺这个点去平原那个点，打哥哥袁谭。曹操这只老猫一声奸笑，刺溜一下扑过来，趁机包围了袁尚的老窝，将邺城的“耗子”堵在洞里面，又在洞外面设置了无数的捕鼠夹，等着袁尚回来踩夹子。

袁尚慌了，放下哥哥袁谭不打了，要回去救邺城，可先得有个人回去报信，通知城里头的审配，救兵就要来了，你们做好出城接应并夹击曹军的准备。谁去报信呢？曹操像只凶猛的老猫，虎视眈眈地守在鼠洞外面，举起利爪，布好夹子，随时扑灭前来的鼠类。要过关，不容易啊。

袁尚正在犯愁这个游戏该怎么玩，一只“小耗子”自告奋勇去和“曹操猫”玩。“小耗子”级别不算低，是袁尚的机要秘书，但名气实在不怎么大，连罗贯中老师都懒得给他捧场。友情介绍一下，他叫李孚，看过《三国演义》的人听说过他吗？估计大部分都说没。

李秘书是河北巨鹿人，此前唯一让人传诵的先进事迹就是种薤菜。当李秘书还是学生时，当地饥荒，大概是政府号召大家种杂粮，李孚自己种了些薤菜。他立了个计划，想要种植成功，形成一定规模。想到做到，这小子守得淡定，自己那一亩三分地上的薤菜，坚决不施舍给别人，哪怕一根都不行，而他自己，熬得口水滴答也不摘食一片叶子。一个穷书生，居然守住了饥荒年代的几亩薤菜。当地人据此作出判断：李孚同学能成事。

老鼠如何扮成猫

如今曹军围城，靠着那点种薤菜的斗争经验能和人家玩吗？袁尚问：“你要多少人马？”李孚说：“人多了坏事，给我三个骑兵就行。”袁尚问：“要带什么家伙？”李孚答：“武器通通不要，几包饼干和两瓶饮料就行。”

就这样，李孚这只“小耗子”带着三只更小的“耗子”，快马加鞭往邺城赶，要和曹操这只凶猛的“老猫”玩游戏了。李孚在路边砍了几十根树枝，做成三十根问事杖，啥是问事杖？就是负责官员手里那根指指点点的家伙，其实也就是用来教训人的，谁不听话就抽谁。带着三十根木棍去教训曹军？别急，继续看游戏。

李孚四人趁着暮色来到邺城外围，正好是砍柴的曹军回营，李孚他们换上曹军的头盔，混进火头军里面，哨兵问：“哪路人马？”

李孚大怒，举起问事杖对着哨兵一顿好抽，不认识人，总认识棍子吧，我是你们的都督。就凭这打人的气势，在曹军的眼中，他也就是都督了，立马给长官放行。

老鼠想要冲过猫的封锁线，就先得扮成猫。而接下来的游戏规则是：想要其他的猫真的把你当成猫，那你就得比真猫还嚣张，还高调，而且越嚣张越安全。因此这李孚一路不仅不偷偷摸摸，而且还堂而皇之，从曹营的北边溜达到东边，又从东边溜达到南边，光是堂而皇之还不行，还得有气势，装大爷，于是动不动就骂人打人抡棍子，居然在敌人阵营里教训起敌人来。

设置一下情景，例如看见睡觉的，冲上去就一顿好打，看见打牌泡妞的，毫不客气地举起棍子就抽。史书的记载是："步步呵责守围将士，随轻重行其罚。"尽管曹操部队里从来就没有一个叫李孚的都督，但凭借这气势，所到之处，曹兵都把他当都督了。袁尚手下的秘书也好，曹丞相手下的都督也好，虽然阵营不一样，但反正都是当官的，当官的气场都一样，人家信的不是你的证件，而是你的气场。

游戏的最高潮是这四只"假猫"居然玩到了曹操指挥总部的门外，"遂历太祖（曹操）营前"，那逼真的苛责声，嚣张的鞭笞声就没让曹操这只"老猫"起半点疑心。

四个人气势汹汹地一路打，一路骂，以高调的姿态过了层层封锁线，折向西面，到了最前线：邺城的章门。这回玩得更大胆了，拿着几个守封锁线的曹兵一顿好骂好打，竟然还捆起来，"复责怒守围者，收缚之"。趁着哨兵被缴械，李孚等四人马上联络到城里头的部队，将从城头上垂下来的绳子绑在身上，悬空进了城。

曹操被骗也开心

耗子溜进城，老猫反应如何？曹操听到报告后，不仅不怒，反而大笑：我看这小子，能混得进去，一定能混得出来，“太祖笑曰，此非徒得入也，方且复得出”。

此时的曹操，把自己当成了李孚的观众，他好奇地瞪大了眼睛，要看李孚在接下来的游戏当中，怎么跟他玩。

游戏程序二

放个大烟花

李孚进城，向审配汇报完工作，就要出城去向袁尚报到。还是用原来的法子出去？肯定不行，这不只是侮辱曹操的智商，更是侮辱李孚自己的智商，得来个更好玩更刺激的。曹丞相正等着欣赏呢。

估计此时的曹操正以一种游戏的心情等待事态的进一步发展，他这只“老猫”此刻也很紧张，很怕李孚的表演会让他失望，说不定会在心里为李孚加油：好小子，好好跟老夫玩，千万别让老夫失望。这么说不是凭空臆造，看看后面曹操的表现，大家就知道了。

且看游戏的第二步。邺城守军发布告：“我邺城粮草不继，为了不让广大市民忍饥挨饿，特放行数千名老弱病残出城各寻生路，希望敌方本着人道主义的精神，准许我方放行，并予以一定的配合。”敌我双方经过协商后，曹方同意给饥民放行。

到放行这一天，三扇大门打开，几千饥民穿着降服，举白幡，一人一个火把，浩浩荡荡出城。曹军也本着人道主义的精神放行，那天晚上火光太大太耀眼了，曹军从壕沟里爬出来，放下手中的轻重武器，欣赏满天的亮光……真所谓今夜火光灿烂，无人能眠。

满城满城的火光，起到了灯下黑的效果：李孚出城了，穿着饥民的服装，从北面军事重地转到西面，一刺溜，出了重围。这一回，耗子彻底玩赢了猫。

“曹操猫”得知消息，半点也不懊恼，对手李孚果然没让他失望，来了出更精彩的，不由得拍手赞叹：果然不出我所料，“（曹操）抵掌笑曰：果如吾言也”。李孚啊李孚，你没让俺老曹失望。

游戏的第二部，曹操败在哪里呢？不是老曹无能，也不是李孚太狡猾，而是老曹没有突破人道主义底线。在几千饥民面前，他心软了，眼花了，让敌人有机可乘了。我们要向老曹致敬，向他的人道主义底线致敬。

不过，虽然李孚厉害，但主子袁谭袁尚太无能，又玩了几年，玩不过曹操，兄弟俩都玩完了，剩下李孚该怎么玩？

游戏程序三

“李孚鼠”怎么保全自己

袁氏兄弟没了，李孚守着平原城，形势强过人，“李孚鼠”肯定是玩不过“曹操猫”了，但玩不过敌人，总得玩过命运。

李孚琢磨着两件事：第一件事是保全自己，第二件事是还得继续自己的政治生涯。

“李孚鼠”单枪匹马出洞了，大大咧咧地跑到“曹操猫”的指挥所前面，大声宣称自己是冀州的秘书长，有要事和“曹操猫”说。

曹操爱才心切，听说是李孚来了，忙出来接见，估计还来了这么一句：“好你个李孚啊，两年前在邺城玩得挺刺激啊，这回看你怎么玩。”

李孚既不摇尾乞怜，也不大义凛然，而是很冷静地挑明自己的角色：是可以为任何一方效力的职业经理人。如今平原城里头大乱，只有我李孚能去安抚人心，你要开展工作，少不了我的参与。

老曹大胆起用了李孚做安抚工作，而且现场指示：只要能稳定大局，你的意思就是我的意思，“便以卿意宣也”。

李孚加入猫阵营之后，命运怎样？李孚刚投诚的时候，碰上曹氏集团大裁员，闲置了一阵，但曹操怎么舍得让这样的奇才没事干？

没多久，李孚就升任司隶校尉，后来一直做到阳平太守，据说七十多岁时还鬼精鬼精的，一点也不比年轻时差，“术略不损于故”。

结语：李孚在职场表现得最突出的地方是，他不仅把业务做得精彩，而且还精彩到连敌人都为之发出由衷的赞叹，甚至希望他的精彩继续下去，这恐怕是职场打工仔的最高境界。

神一样的对手，连敌人也佩服。在竞争职场，在国际社会，就要做神一样的对手。